Je Comprends tout !

Français
CE2

Direction de collection :
Isabelle Petit-Jean
Professeur des écoles

Auteur :
Cécile Charrière
Professeur des écoles

Illustrations :
Paul Beaupère
Mauro Mazzari

Sommaire

Grammaire

1. Connaître les signes de ponctuation .... p. 3
2. Différencier les types de phrases .... p. 4
3. Construire des phrases interrogatives ... p. 5
4. Construire des phrases affirmatives et négatives .... p. 6
5. Repérer le verbe dans une phrase ..... p. 7
6. Identifier le sujet du verbe .... p. 8
7. Utiliser les pronoms personnels sujet ... p. 9
8. Accorder le verbe avec son sujet ..... p. 10
9. Repérer les compléments du verbe ... p. 11
10. Repérer les compléments de phrase ... p. 12
11. Identifier les noms communs et propres. p. 13
12. Repérer le genre et le nombre d'un nom p. 14
13. Identifier le déterminant .... p. 15
14. Repérer un adjectif qualificatif .... p. 16
15. Accorder le groupe nominal. .... p. 17

Conjugaison

16. Identifier le verbe et trouver son infinitif p. 18
17. Classer les verbes en trois groupes .... p. 19
18. Connaître les personnes et les pronoms p. 20
19. Conjuguer au présent les verbes du 1er groupe .... p. 21
20. Conjuguer au présent les verbes en –cer et –ger .... p. 22
21. Conjuguer au présent les verbes du 2e groupe .... p. 23
22. Conjuguer au présent les auxiliaires être et avoir .... p. 24
23. Conjuguer au présent quelques verbes du 3e groupe .... p. 25
24. Conjuguer au futur les verbes du 1er et du 2e groupe .... p. 26
25. Conjuguer au futur les auxiliaires être et avoir .... p. 27
26. Conjuguer au futur quelques verbes du 3e groupe .... p. 28
27. Conjuguer à l'imparfait des verbes du 1er et du 2e groupe .... p. 29
28. Conjuguer à l'imparfait les verbes du 3e groupe et les auxiliaires être et avoir. p. 30
29. Conjuguer au passé composé avec l'auxiliaire avoir .... p. 31
30. Conjuguer au passé composé avec l'auxiliaire être .... p. 32

Orthographe

31. Lire et utiliser la lettre *s* .... p.
32. Lire et utiliser la lettre *c* .... p.
33. Lire et utiliser la lettre *g* .... p.
34. Choisir entre *-il* ou *-ille* à la fin d'un mot .... p.
35. Différencier les accents sur la lettre *e* .. p.
36. Choisir entre *on* et *ont* .... p.
37. Choisir entre *son* et *sont* .... p.
38. Choisir entre *et* et *est* .... p.
39. Choisir entre *a* et *à* .... p.
40. Choisir entre *ou* et *où* .... p.
41. Écrire *m* devant *m, p, b* .... p.
42. Écrire le pluriel des noms et des adjectifs (1) .... p.
43. Écrire le pluriel des noms et des adjectifs (2) .... p.
44. Écrire le féminin des noms et des adjectifs (1) .... p.
45. Écrire le féminin des noms et des adjectifs (2) .... p.
46. Identifier la lettre finale d'un mot ..... p.

Vocabulaire

47. Classer des mots dans l'ordre alphabétique p.
48. Rechercher un mot dans le dictionnaire p.
49. Lire un article de dictionnaire .... p.
50. Connaître les familles de mots .... p.
51. Repérer les préfixes et les suffixes .... p.
52. Comprendre un mot dans ses différents sens p.
53. Utiliser des mots synonymes .... p.
54. Utiliser des mots contraires .... p.
55. Différencier des mots homonymes .... p.
56. Utiliser des mots précis .... p.

Bilans .... p.

Corrigés .... p. I à X

Et plein d'autres tests d'évaluation à faire s‹ Internet ! **www.jecomprendstout.com**

© Nathan, 2008. ISBN : 978 209 186 694-9

1 Grammaire

Connaître les signes de ponctuation

Je retiens

C'est joli la ponctuation.

- Pour lire ou écrire, on utilise des signes de ponctuation :
  – en fin de phrase, ils terminent la phrase : **le point (.)**, **le point d'interrogation (?)**, **le point d'exclamation (!)** ;
  – dans la phrase, ils séparent des groupes de mots : **la virgule (,)**, **le point-virgule (;)** ;
  – dans le dialogue, ils permettent de repérer qui parle : **le tiret (-)**, **les guillemets (« »)**.

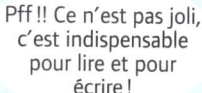

Pff !! Ce n'est pas joli, c'est indispensable pour lire et pour écrire !

■ Je m'entraîne

1 **Surligne la ponctuation qui marque la fin des phrases.**

C'est beau ! Tout est gelé, les arbres sont blancs. La nature dort tranquillement ; moi, je vais à l'école. Sur le chemin, je regarde la lumière briller sur les branches. Pourquoi cela ne dure-t-il pas ?

2 **Entoure la ponctuation qui ne marque pas la fin des phrases.**

Je me suis levé tôt, tant mieux. Les marronniers de la cour dorment dans leurs draps de givre ; ils ressemblent à des arbres de banquise. Mais non, ce n'est pas possible, il n'y a pas d'arbres sur la banquise.

3 **Colorie la ponctuation qui marque le dialogue.**

– Bonjour, dit une voix dans la cour.
– Qui me parle ?
Je n'avais vu personne. Si j'entends crier « Ouououhhhh », je pars
en courant !
– Eh ! Tu m'entends ?
Un écureuil me parlait.
Je répondis en chuchotant :
« oui... »

■ J'approfondis

4 **Ajoute les points et entoure la lettre à écrire en majuscule.**

La semaine dernière en venant à l'école, j'ai vu de drôles de choses il y avait un chat avec une souris dans la bouche j'ai vu aussi un oiseau chantant à tue-tête

5 **Ajoute ! ? . , aux bons endroits.**

Tous les matins .... je me lève

J'adore jouer tous les matins .... avant

de partir à l'école ....

Mais .... attention .... je ne dois pas

être en retard ....

6 **Recopie ce qui devrait être écrit entre guillemets.**

En allant à l'école, je me suis arrêté à la boulangerie.
Bonjour, je voudrais un pain au chocolat, s'il vous plaît, ai-je demandé. La boulangère m'a répondu : Bien sûr. Merci ! lui ai-je dit.

....
....
....
....

 Retrouve-nous sur www.jecomprendstout.com, d'autres tests t'attendent !

Infos parents

• Quand on écrit un texte, la ponctuation est indispensable pour qu'il soit lisible. Les enfants l'oublient souvent.
• Dans ce sens, il serait intéressant de faire lire à haute voix un des textes des exercices 1, 2 ou 3 en parallèle avec celui de l'exercice 4.

2 Grammaire

Différencier les types de phrases

Je retiens

C'est drôle, notre voix change quand on parle.

Toutes les phrases ne se ressemblent pas.
- Une phrase **déclarative** exprime un fait :
  Les animaux se reposent. Elle se termine par un point. **(.)**
- Une phrase **interrogative** pose une question :
  Quel est cet animal ?
  Elle se termine par un point d'interrogation. **(?)**
- Une phrase **exclamative** exprime un sentiment :
  Comme il est beau !
  Elle se termine par un point d'exclamation. **(!)**
- Une phrase **impérative** exprime un ordre ou un conseil :
  Taisez-vous ! Laissez-le dormir. Elle se termine par un point ou un point d'exclamation. **(!)**

Quand tu écris aussi, il faut mettre le bon signe de ponctuation à la fin de tes phrases.

Je m'entraîne

1 Indique le type de chaque phrase. Écris **D** (déclarative), **E** (exclamative), **Int** (interrogative) ou **Imp** (impérative).

Les animaux mangent des fruits. ....

Ne mangent-ils pas de l'herbe ? ....

Donne-leur un brin d'herbe. ....

Génial, des lémuriens ! ....

2 Complète les phrases avec le signe de ponctuation qui convient.
Les éléphants sont herbivores
Préfères-tu les lions
Non, quels dangereux animaux

3 Remets les phrases dans l'ordre. Aide-toi de la ponctuation.

| les | Aujourd'hui, | mammouths |
| n'existent | plus. |

....

| donné | l'eau | animaux | de | ? |
| Avez-vous | aux |

....

J'approfondis

4 Transforme ces phrases déclaratives en phrases impératives.
Vous donnez à manger aux girafes. →
Donnez à manger aux girafes.
Vous arrosez les éléphants.

....

Puis, vous soignez les animaux.

....

5 Transforme ces phrases déclaratives en phrases exclamatives.
Ce zoo est immense. → Quel immense zoo !
Ce zèbre est rapide.

....

Ce chimpanzé est agile.

....

6 Écris :
une phrase déclarative :

....

une phrase exclamative :

....

une phrase impérative :

....

Infos parents
- Pour aider votre enfant à ponctuer ses phrases, montrez-lui qu'en relisant bien, il peut « entendre » le signe de ponctuation.
- Au CE2, l'accent est mis plus particulièrement sur la phrase interrogative.
- Les autres types de phrases seront vus plus précisément au CM1 et CM2.

3 Grammaire

Construire des phrases interrogatives

Je retiens

Qui ? Quoi ? Comment ? …

Toi, tu te poses trop de questions !

- Pour écrire une phrase interrogative, tu peux utiliser un pronom interrogatif : **pourquoi**, **quel**, **combien**, **comment**… ou utiliser l'expression « **est-ce que** » :
  Combien coûte cette peluche ? **Est-ce qu'**elle est chère ?
- Tu peux aussi simplement inverser le sujet et le verbe, en ajoutant un tiret entre les deux :
  Aimes-tu cette peluche ?

■ Je m'entraîne

① Souligne les phrases interrogatives.

Comment vas-tu ?
Pourquoi aimes-tu cet endroit ?
Quelle question !
J'adore les jouets. Ne joues-tu pas ?
Si, tous les jours !

② Écris comme le modèle.

Tu joues. → Est-ce que tu joues ?

Je perds. ....
Nous gagnons. ....
Vous aimez ce jeu. ....
Tu préfères les cartes. ....

③ Transforme les phrases comme dans l'exemple.

Tu aimes les peluches → Aimes-tu les peluches ?

Vous sautez à la corde.
....
Il prend son ballon.
....
Ils jouent à chat.
....
Nous allons en récréation.
....

■ J'approfondis

④ Complète les phrases interrogatives avec ces mots : qui, quel, comment, où, quand…

……… joue-t-on à ce jeu vidéo ?
……… est ma manette ?
……… vient avec moi au magasin de jeux ?
……… vendeur connaît ce jeu ?
……… jouerons-nous ?

⑤ Voici des réponses. Écris les questions.

Je m'appelle Paul.
....
Je suis arrivé à quatre heures.
....
Je suis venu en voiture.
....

⑥ Complète ce dialogue en écrivant les phrases interrogatives.

....
J'adore les figurines.
....
J'en ai déjà cinq.
....
Non, je n'ai pas de figurines de cow-boys.

Infos parents

- La construction des phrases interrogatives sera travaillée tout au long du cycle 3.
- Il est important, néanmoins, d'aider l'enfant à construire les différentes phrases interrogatives. Attention, quand le sujet est un groupe nominal, il est repris par un pronom : *Les enfants aiment-ils jouer ?*

4 Grammaire

Construire des phrases affirmatives et négatives

Je retiens

Tu es toujours en train de dire non !

- La **phrase affirmative** peut commencer par *oui*.
  Oui, j'aime les bonbons.
- La **phrase négative** peut commencer par *non*.
  Non, je n'aime pas les haricots verts.
- Pour construire une phrase négative, on utilise une négation. Attention, cette négation est en deux parties : une avant et une après le verbe :
  ne ... pas, ne ... rien, ne ... jamais, ne ... plus, ne ... personne

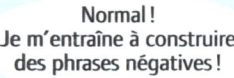

Normal ! Je m'entraîne à construire des phrases négatives !

■ Je m'entraîne

① Indique la forme de chaque phrase : **A** (affirmative) ou **N** (négative). Aide-toi en ajoutant **oui** ou **non** au début de la phrase si tu en as besoin.

J'ai toujours aimé manger. ....

Je ne suis pas un ogre. ....

Mon frère ne mange rien, lui. ....

Les dames, à la cantine, ne comprennent

pas cette différence. ....

② Entoure les deux mots de la négation dans chaque phrase.
Hier, je n'ai pas voulu manger.
À la cantine, ils ne veulent jamais qu'on ne mange rien.
Alors je n'ai rien pu faire après.
Je ne pouvais plus jouer !
Hélas, il ne faut jamais refuser le gâteau au chou-fleur !

③ Colorie de la même couleur les paires de phrases contraires qui vont ensemble.

| Tu n'as plus rien à manger. |
| Tu manges encore. |
| Tu as encore à manger. |
| Tu manges toujours. |
| Tu ne manges plus. |
| Tu ne manges jamais. |

■ J'approfondis

④ Transforme ces phrases négatives en phrases affirmatives.

La sauce tomate ne fait pas de taches.

....

Je n'aime pas la mauvaise sauce tomate.

....

Elle n'a jamais préparé à manger.

....

⑤ Réécris ce texte à la forme négative.
Il y a des haricots verts dans mon assiette.
Yanis a déjà mangé des haricots rouges.

....
....
....
....

⑥ Écris ces phrases à la forme négative.
Mangez les bonbons.

....

Mettez vos coudes sur la table.

....

Parlez la bouche pleine.

....

Infos parents

- À l'oral, « ne » n'est pas toujours prononcé. Souvent, les enfants l'oublient en écrivant.
- Il est important que votre enfant apprenne à écrire les deux mots de la négation. Si à l'oral, l'oubli est accepté, à l'écrit, il ne l'est pas.

5 Grammaire

Repérer le verbe dans une phrase

Je retiens

Le verbe, c'est le mot situé à peu près au milieu de la phrase

- Pour trouver le verbe dans une phrase, on change le temps de la phrase :
  En luge, **je descends** très vite. (**présent**)
  En luge, **je descendais** très vite. (**passé**)
  En luge, **je descendrai** très vite. (**futur**)
- Le mot qui change est le verbe. Le verbe conjugué est **descends**.
- Attention, certaines phrases ont plusieurs verbes :
  En ski, je **tombe** et je **pleure**.

Pas du tout, le verbe, il faut le chercher, ce n'est pas magique !

Je m'entraîne

1) Souligne les verbes.
Le vent soufflait.
Le vent soufflera.
Il fait très beau.
Il a fait très beau.
Théo joue dans la neige.
Théo jouera dans la neige.

2) Réécris ce texte au futur en t'aidant de ces verbes.
protégera - fera - aimerai - aurai
J'aime l'hiver. Pourtant, il fait très froid. Mais, j'ai de la chance, mon bonnet protège mes oreilles.

....
....
....

3) Fais la même chose, mais cette fois-ci, écris le texte au passé.
avons mangé - étions - oubliais - supportais
Nous serons à la montagne. Nous mangerons du fromage. Je supporterai le froid. Je n'oublierai pas mes gants !

....
....
....

J'approfondis

4) Souligne le verbe conjugué dans chacune des phrases.

Ma grand-mère est une montagnarde.

Sa peau sent le soleil.

Le matin, elle va toujours dehors.

Elle regarde le ciel avec calme.

Elle sait toujours annoncer le mauvais temps.

Bien sûr, chaque fois, elle a raison !

5) Surligne les verbes conjugués. Attention, certaines phrases en ont plusieurs !

Mon grand-père s'occupe des brebis.

Elles n'aiment pas le sel que l'homme jette au sol, à cause du verglas.

Alors mon grand-père ne met pas de sel, il ne veut pas.

Et nous, nous glissons, pirouettons, patinons, tombons et surtout rigolons !

6) À ton tour termine cette phrase avec trois verbes.

Quand il neige, nous............................,
.... et ....
....

 Retrouve-nous sur **www.jecomprendstout.com**, d'autres tests t'attendent !

Infos parents

- Les enfants de CE2 n'arrivent pas toujours à repérer le verbe en lisant simplement la phrase. Il est également difficile de faire comprendre la notion de verbe d'action et verbe d'état. Dans la phrase : *Il semble endormi*, c'est « endormi » qui sera identifié comme action, or le verbe est « semble ».
- Changer le temps de la phrase est la manipulation la plus sûre pour repérer le verbe : *Il semblait endormi*.

6 Grammaire

Identifier le sujet du verbe

Je retiens

Qui a fait cette bêtise ?

C'est Paul qui a fait cette bêtise ! Et ce n'est pas moi !

- Le sujet du verbe est le mot ou groupe de mots **qui peut être encadré par « c'est ... qui »** :
Nous allons au cinéma.
→ C'est **nous** qui allons au cinéma.
Le sujet, est **nous**.
Mon frère et ma sœur verront ce film demain.
→ C'est **mon frère et ma sœur** qui verront ce film demain.
Le sujet est **mon frère et ma sœur**.

Je m'entraîne

1) Écris les phrases en enlevant « c'est… qui ». Souligne le groupe sujet.
C'est ce film qui est génial. → <u>Ce film</u> *est génial.*

C'est nous qui l'avons déjà vu.
....

C'est Schrek qui est un ogre.
....

C'est Schrek qui se marie avec la princesse.
....

2) Ajoute « c'est … qui » et réécris les phrases. Souligne le groupe sujet.
Le héros gagne toujours à la fin. →
C'est <u>le héros</u> qui gagne toujours à la fin.

Le dimanche, nous avons le droit de regarder les dessins animés.
....

Les enfants et les parents ne travaillent pas le dimanche.
....

3) Surligne le groupe sujet dans chacune des phrases.
Mon ami et moi détestons le cinéma.
Le cinéma est une grande télévision.
Nous préférons voir des films chez nous.

J'approfondis

4) Transforme les phrases pour que le sujet soit après le verbe.
Aujourd'hui le beau temps arrive.
→ *Aujourd'hui arrive le beau temps.*

Dans le jardin les enfants crient.
....

Dans l'arbre l'oiseau chante.
....

Dans la nuit un homme blanc galope.
....

5) Dans le texte suivant, souligne le verbe et entoure son sujet.
Les bandes dessinées sont mes livres préférés. Astérix et Obélix m'amusent beaucoup. La marchande de poisson crie et hurle tout le temps. Dans ma classe, plein d'enfants ont lu *Astérix*.

6) Invente des sujets pour compléter ces phrases.
- Le jour, ... sortent.
- La nuit, ... vont s'amuser.
- Depuis longtemps, ... font peur.

Infos parents

Pour certaines phrases, votre enfant devra s'appuyer sur le sens de la phrase. En effet, quand le sujet est *je, tu, il, elle, on*, si on ajoute *c'est … qui*, le pronom personnel change : *Je suis avec Paul. C'est **moi (je)** qui suis avec Paul.*

8

7 Grammaire

Utiliser les pronoms personnels sujet

Je retiens

Les filles sont fragiles. Les filles sont douillettes !

- Le pronom personnel est un petit mot qui remplace un sujet :

singulier		pluriel	
1re personne	je	1re personne	nous
2e personne	tu	2e personne	vous
3e personne	il, elle, on	3e personne	ils, elles

Dis plutôt : Les filles sont fragiles. Elles sont douillettes !

Le lion mange la gazelle. **Il** mange.
Cette fille mange trop de chocolat. **Elle** mange.
Mon frère et moi mangeons des frites. **Nous** mangeons.
Tes amis et toi buvez du lait. **Vous** buvez.
Les enfants mangent des légumes. **Ils** mangent.
Les filles adorent les viennoiseries. **Elles** adorent.

Je m'entraîne

1 Entoure les pronoms personnels sujet.

Hier, je suis allée chez des amis avec mes parents.
Nous étions très contents.
Ils avaient préparé une fondue.
Évidemment elle était succulente et copieuse.
Comme toujours, je me suis régalée.

2 Relie le pronom qui convient au sujet.

Ma cousine • • ils
Les filles • • elle
Les garçons • • elles
Annie et moi • • vous
Marie et toi • • il
Albert • • nous

3 Remplace le sujet par un pronom personnel.

Le cuisinier travaille : ....
Les apprentis obéissent : ....
La marmite chauffe : ....
Les pommes mûrissent : ....
Toi et moi dévorons : ....

J'approfondis

4 Souligne le groupe sujet et remplace-le par un pronom personnel.

Ce restaurant n'est pas agréable. ....

Les serveuses et les serveurs ne sourient jamais. ....

Dommage, la nourriture est très bonne. ....

Mon père et moi adorons leur filet de daurade. ....

La prochaine fois, tes parents et toi viendrez avec nous. ....

Les viandes et les carottes sont délicieuses. ....

5 Invente un groupe sujet qui remplace le pronom personnel.

Elles mangent du requin. ....
Nous dévorons de tout. ....
Vous n'aimez rien. ....

Infos parents

- Quand un enfant écrit, il a tendance à répéter le groupe sujet et a beaucoup de mal à le remplacer par un pronom personnel. Il est important de l'aider à réécrire ses phrases pour l'habituer à éviter les répétitions.
- Vous pouvez ainsi lui proposer de raconter d'abord à l'oral ce qu'il va écrire. En effet, quand ils parlent, les enfants utilisent plus facilement les pronoms personnels.

8 Grammaire

Accorder le verbe avec son sujet

Je retiens

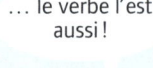

Si le sujet est au pluriel… … le verbe l'est aussi !

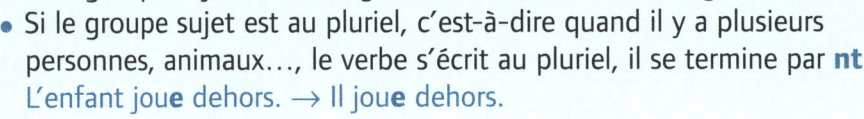

- C'est le groupe sujet qui commande le verbe. On dit que **le verbe s'accorde avec son sujet**.
- Si le groupe sujet est au singulier, le verbe s'écrit au singulier.
- Si le groupe sujet est au pluriel, c'est-à-dire quand il y a plusieurs personnes, animaux…, le verbe s'écrit au pluriel, il se termine par **nt**.
  L'enfant jou**e** dehors. → Il jou**e** dehors.
  Les enfants jou**ent** dehors. → Ils jou**ent** dehors.

▌Je m'entraîne

① Relie le sujet au verbe qui lui correspond. Il y a plusieurs solutions.

Il   •   • chantent
Elle   •   • court
On   •   • se cache
Ils   •   • glissent
Elles   •   • s'amuse

② Relie les groupes sujets avec les suites de phrases qui conviennent.

Le toboggan   •   • préférons le bac à sable.

Roméo et Jules •   • tapent dans un ballon.

Tu   •   • est immense.

Vous   •   • vas en promenade.

Toi et moi   •   • faites du toboggan.

③ Entoure le verbe qui convient.

Les jeux d'enfants *plait – plaisent* même aux parents.

Ce matin, des familles nombreuses *est venue – sont venues*.

La maman *doit – doivent* avoir les yeux partout.

Tous les enfants *glisse – glissent* sur le toboggan.

Ce petit garçon *rit – rient* très fort.

▌J'approfondis

④ Ajoute -e ou -ent.

Ma maman refus.......... que je fasse du toboggan.

Elle préfèr.......... le bac à sable.

Mon papa et mon frère jou.......... au ballon.

Ils ador.......... le sport.

⑤ Recopie en mettant le groupe sujet au singulier.

Les filles chantent et dansent.

....

Les chiens sautent et aboient.

....

⑥ Réécris ce texte en changeant un garçon par deux garçons.

Un garçon se promène dans le parc. Il marche tout doucement. Il porte un petit chien noir. Il le pose délicatement par terre et le regarde partir en courant.

Deux garçons ....

....

....

....

....

Infos parents

La difficulté de cette leçon réside dans le fait que pour certains verbes, l'accord au pluriel ne s'entend pas à l'oral. Or à l'écrit, si l'accord est mal fait, la phrase n'est plus lisible, c'est-à-dire incompréhensible.

9 Grammaire

Repérer les compléments du verbe

Je retiens

J'écris des poésies !

- Le complément du verbe est **un groupe de mots qui complète le verbe**.
- Il ne peut être **ni enlevé, ni déplacé** ailleurs dans la phrase. On l'appelle le **complément d'objet**.

Nous   écrivons   une poésie.
Sujet   verbe   complément du verbe

Une poésie est **le complément du verbe** écrivons.
Il répond à la question « quoi ? » Nous écrivons quoi ? Nous écrivons une poésie.

Tu écris quoi ?

Je m'entraîne

① Remets la phrase dans l'ordre. N'oublie ni la majuscule, ni le point.

des livres drôles je lis

....

les romans policiers ma maîtresse préfère

....

beaucoup de livres j'ai

....

à lire j'apprends

....

② Barre les compléments qui peuvent être enlevés.

Je suis allée à la bibliothèque hier matin.
J'ai emprunté des livres pour trois semaines.
En trois semaines, je lis trois livres.
Chaque fois, maman est contente.

③ Souligne le verbe et entoure son complément.

J'ai acheté un livre de pirates.
À l'école, nous avons lu deux histoires.
Tous les soirs, je choisis un livre.
Mes peluches aiment les histoires.
Elles préfèrent les histoires de monstres.

J'approfondis

④ Souligne le verbe et surligne son complément. Attention, il y a plusieurs verbes et plusieurs compléments du verbe.

Yanis a lu un livre d'aventures, il a aimé le héros et son ennemi.

Balthazar, le héros, gagne les courses et double tout le monde.

Son ennemi déteste ce champion parce qu'il gagne tous les concours.

⑤ Ajoute un complément à chaque verbe.

Ce livre raconte ....

Mais je préfère ....

Ma petite sœur déteste ....

Notre maître adore ....

⑥ Construis deux phrases en suivant ce modèle.

sujet – verbe – complément du verbe

....
....
....
....

 Retrouve-nous sur **www.jecomprendstout.com**, d'autres tests t'attendent !

Infos parents

Il existe deux sortes de compléments d'objet : le complément d'objet direct (COD) et le complément d'objet indirect (COI). Ils seront abordés en CM1 et en CM2.

10 Grammaire

Repérer les compléments de phrase

Je retiens

Le jeudi, je vais à la piscine.

Moi, je vais à la piscine tous les jours !

- **Un complément de phrase** donne une information à toute la phrase.
- Il est aussi appelé **complément circonstanciel**. Il peut donner des informations de temps et de durée (quand ?) ou de lieu (où ?).

  Pendant les vacances,   nous avons nagé   dans la grande rivière.
     temps (quand ?)   *lieu (où ?)*

- **Il peut être enlevé :** Nous avons nagé.
- **Il peut être déplacé :** Nous avons nagé dans la grande rivière, pendant les vacances.
  Nous avons nagé pendant les vacances dans la grande rivière.

Je m'entraîne

1 **Recopie ces expressions dans la colonne qui convient.**

dans les vestiaires   avant-hier
les autres fois   au fond du bus
sur la route   à trois heures

Expressions informant sur le temps	Expressions informant sur le lieu
………………………	………………………
………………………	………………………
………………………	………………………

2 **Recopie les phrases en déplaçant les groupes qui peuvent être déplacés.**

À côté du plongeoir, il y a un maître nageur.
………………………………………………………

Il surveille les enfants de sa grande chaise.
………………………………………………………

3 **Entoure en rouge les compléments de phrase.**

Dans le grand bain, j'ai bu la tasse.
Mon maillot est trop petit cette année.
La maîtresse me prête un autre maillot chaque semaine. Elle a quelques maillots et bonnets de bain dans son grand sac.

J'approfondis

4 **Souligne en rouge les compléments circonstanciels qui informent sur le lieu et en bleu ceux qui informent sur le temps.**

Tous les jeudis, nous allons nager dans une belle piscine.
La monitrice vient nous chercher dans les vestiaires au début de la séance.

5 **Complète avec les compléments de phrase suivants.**

*à côté de lui   devant l'école
avant de démarrer*

Le car vient nous chercher ………………………

Le chauffeur a un paquet de bonbons à la menthe …………………………………………

Il en donne toujours un à la maîtresse ……… ………………………………………………………

6 **Recopie la phrase en ajoutant deux compléments de phrase, l'un indiquant le lieu, l'autre indiquant le temps.**

Je me baigne.
………………………………………………………

Mes copains nagent.
………………………………………………………

Infos parents

- En CE2, le complément circonstanciel est surtout appelé complément de phrase pour aider l'enfant à comprendre la différence avec un complément de verbe.
- L'important est de lui montrer qu'en manipulant la phrase, il est possible de les différencier.
- Au cycle 3 ne sont vus que les compléments circonstanciels de temps et de lieu. Ces compléments seront revus tout au long du cycle 3.

11 Grammaire

Identifier les noms communs et propres

Je retiens

Pourquoi écrit-on les prénoms avec des majuscules ?

- Les mots qui servent à désigner des animaux, des personnes, des choses s'appellent des **noms**. Il en existe deux catégories :
  – **les noms communs,** qui désignent des choses, des personnes, des animaux en général : un cheval, un poney, une écurie, une course. Devant, il y a un déterminant : un, une, le, la, les, des, notre, ce…
  – **les noms propres,** qui désignent un animal, une personne ou un endroit unique : Léonie, Milou, Paris, France.
  Ils commencent toujours par une **majuscule**.

On n'est pas des choses !

Je m'entraîne

1 **Voici des noms. Surligne en jaune les noms propres et en rouge les noms communs.**
chat – Mistigri – paille – Lyon – Marseille – Pauline – foin – abreuvoir – sel – Paris

2 **Surligne les noms communs.**
Ce poney est très beau. Sa crinière frisée vole dans le vent. Quand il galope, ses sabots se posent en faisant un doux bruit. Les longs crins de sa queue font une jolie natte.

3 **Surligne les noms propres.**
Ce poney s'appelle Etik, c'est le poney de Gabrielle, la petite fille de monsieur Seguin. Gabrielle et son amie Inès s'en occupent tous les jours. Monsieur Seguin les aide souvent.

4 **Trouve :**
Trois noms propres :
....
....
....

Trois noms communs :
....
....
....

J'approfondis

5 **Recopie les noms dans la colonne qui convient.**
Monsieur Seguin a aussi deux chevaux. Le cheval s'appelle Duéro et la petite jument s'appelle Diane. Ils ont eu un poulain. Gabrielle l'a appelé Titou. Il a une tache qui ressemble à la Corse sur le front.

Noms communs	Noms propres
....	....
....	....
....	....
....	....
....	....
....	....

6 **Indique si chaque mot en gras est un nom commun (N) ou un verbe (V).**

Je **selle** (…) mon cheval.

Nous mettons la **selle** (…) aux poneys.

Il y avait le **double** (…) de monde.

Je **double** (…) le poney de devant.

Ce poney **file** (…) très vite.

Ce poney a doublé toute la **file** (…).

Infos parents
- Isoler un nom dans un texte est important pour les leçons qui vont suivre, et qui concernent le groupe nominal.
- Cette notion a déjà été abordée l'an passé, mais il est important qu'elle soit bien comprise.

12 Grammaire

Repérer le genre et le nombre d'un nom

Je retiens

Le nom a un **genre** et un **nombre**.
- **Le genre :**
  – Un nom est **masculin** quand on peut mettre **un** ou **le** devant :
  un lapin, **un** tabouret, **le** boucher.
  – Un nom est **féminin** quand on peut mettre **une** ou **la** devant :
  une oie, **une** porte, **la** couturière.
- **Le nombre :**
  – Un nom est au **singulier** quand il désigne une seule personne, un seul animal ou une seule chose :
  un éléphant, la maison, cet enfant.
  – Un nom est au **pluriel** quand il désigne plusieurs personnes, animaux ou choses :
  des mammouths, tes chiens, ces oiseaux.

Qu'est-ce que tu manges ? Un chocolat ?
Non, je mange DES chocolats !

Je m'entraîne

1) Ajoute le ou la devant chaque groupe nominal et entoure le nom.

.... mouette
.... magnifique éléphant
.... chenille affamée
.... lion féroce
.... petite brebis
.... grande girafe

2) Souligne en bleu les noms masculins et en rouge les noms féminins.

Le petit éléphanteau tête sa maman.
Le girafon se promène dans la savane.
Cette lionne appelle son lionceau.
La brebis est la maman de l'agneau.

3) Colorie en jaune les groupes nominaux au pluriel.

| le petit singe |
| ces temps pluvieux |
| un tapis gris |
| les grandes herbes |
| ses animaux sauvages |

J'approfondis

4) Indique féminin (F) ou masculin (M), et singulier (S) ou pluriel (P).

ce gentil hippopotame : ...., ...
nos grosses voitures : ...., ...
mes sacs lourds : ...., ...
des petits lionceaux : ...., ...
une grande et longue expédition : ...., ...

5) Surligne tous les noms communs. Recopie-les au bon endroit.

Je me promenais dans la savane avec mon singe. Je n'ai pas peur du vieux lion. Mais les jeunes lionnes sont féroces. Elles sont capables de courir sur de longues distances. Les animaux et les hommes s'en méfient.

noms féminins singulier : ....
....
noms féminins pluriel : ....
....
noms masculins singulier : ....
....
noms masculins pluriel : ....
....

Infos parents

Cette leçon permet deux choses fondamentales. D'une part, votre enfant révise les noms communs, et d'autre part, elle lui permet de commencer à aborder l'accord en genre et en nombre dans le groupe nominal, notion compliquée car cet accord ne s'entend pas toujours à l'oral (ex. : *une fille fatiguée*). Les marques du féminin et du pluriel sont pourtant indispensables à l'écrit.

13 Grammaire

Identifier le déterminant

Je retiens

C'est mon canapé et ma télé !

Non, c'est notre canapé et notre télé !

- **Le déterminant** est un petit mot qui s'écrit devant le nom commun et parfois devant le nom propre. Il fait partie du **groupe nominal** :
les maisons, le tapis, la France.
- Ce déterminant nous apprend si le nom est féminin ou masculin et s'il est au singulier ou au pluriel.
- **Les articles** sont les déterminants les plus utilisés :
le, la, l', les, un, une, des, au, aux, du.
- Chaque déterminant apporte un sens différent :
une maison rouge, **ta** maison rouge, **cette** maison rouge, **leurs** maisons rouges…

Je m'entraîne

1 **Voici des groupes nominaux. Colorie le déterminant en jaune et le nom en rouge.**

la cheminée – mes vêtements propres – notre vieux chien – leur maison – cette grande cuisine – du chocolat fondu – cette armoire immense – ses chaussures sales

2 **Souligne chaque nom commun et entoure son déterminant.**

Dans la cuisine, il y a une table, des chaises, l'évier et la cuisinière. La table est grande, nous sommes huit. Toutes les chaises sont occupées.

3 **Fais la même chose, mais attention, il y a toutes sortes de déterminants.**

Cette semaine, chez mon amie Maya, nous avons mangé ce fameux gâteau que sa maman sait faire. Elle met du chocolat noir, du beurre et du sucre. Nos goûters sont délicieux avec un verre de lait froid.

J'approfondis

4 **Classe les déterminants dans le tableau. Certains vont dans deux cases.**

cette – la – notre – des – leurs – une – ce – ma – ton – ses – vos – ces – les

	Singulier	Pluriel
Masculin		
Féminin		

5 **Encadre les groupes nominaux (nom et déterminant) dans chaque phrase.**

C'est enfin le printemps. Je vais pouvoir sortir de la maison. J'adore jouer dans la rue avec mes copains. Nous faisons du vélo, des jeux, du football. Fini l'hiver !

6 **Choisis l'article qui convient.**

………… yaourt est ………… produit laitier. ………… lait est fabriqué par ………… vache. Quand elle a eu ……… veau, elle produit ………… lait. Après, ………… lait est emporté dans ………… usine où il est transformé en yaourt.

 Retrouve-nous sur **www.jecomprendstout.com**, d'autres tests t'attendent !

Infos parents
- Les déterminants à connaître au CE2 sont surtout les articles. Tous les autres seront revus en CM1 et CM2.
- Néanmoins, il est important déjà de montrer aux enfants, dans leurs lectures, que chaque déterminant apporte un sens précis à la phrase.

15

14 Grammaire

Repérer un adjectif qualificatif

Je retiens

On peut dire : une fille épuisante ?

Oui, mais on peut surtout dire : une fille belle, agréable et amusante !

- Pour apporter des précisions sur le nom, on utilise **un adjectif qualificatif**.

  un **petit** village **charmant**
  déterminant adjectif nom adjectif

- Certains adjectifs s'écrivent avant le nom, d'autre après, comme à l'oral.
- Les adjectifs qualificatifs **s'accordent** avec le nom auquel ils se rapportent :
  des petit**s** village**s** charmant**s**
  une petit**e** ville charmant**e**
  des petit**es** ville**s** charmant**es**

Je m'entraîne

① Recopie les mots dans la bonne colonne.

épais – arbre – blanc – jardin – fleuri – banc – statue – énorme

Noms communs	Adjectifs qualificatifs
....	....
....	....
....	....
....	....

② Entoure les adjectifs qualificatifs dans les groupes nominaux.

un grand clocher magnifique
une forêt éloignée
des rues étroites
ce boulevard large
les trottoirs trop étroits
les bruyants voisins

③ Surligne les adjectifs qualificatifs et souligne les noms.

Dans notre beau village, il y a des petites maisons neuves. Les nouveaux habitants ont de nombreux enfants. Tant mieux, maintenant, j'ai des copains drôles et gentils.

J'approfondis

④ Complète avec l'adjectif qualificatif proposé. Fais l'accord.

des (haut) barrières : ....
des lianes (énorme) : ....
cette (minuscule) statue : ....
une (joli) promenade : ....
le banc (public) : ....

⑤ Ajoute les adjectifs qualificatifs qui conviennent.

Lors le ma .... promenade,
petit, petite, petites

j'ai vu deux pies ....
bicolores, bicolore

Elles se chamaillaient sur la ....
vieille, vieilles

statue, derrière le .... arbre.
grand, grande

Elles mangeaient du pain ....
sec, secs, sèche

sur le sol ....
mouillée, mouillées, mouillé

Infos parents

- L'objectif ici est de bien repérer et d'accorder un adjectif dans un groupe nominal.
- Dans cette leçon et plus généralement au CE2, on s'attardera surtout sur l'adjectif qualificatif épithète, c'est-à-dire quand il est directement lié au nom.
- L'adjectif attribut sera vu au CM1.

15 Grammaire

Accorder le groupe nominal

Je retiens

Tu es un garçon râleur !

Et toi une fille râleuse !

- **Tous les mots du groupe nominal**, (déterminant, nom et adjectif) s'accordent :
  – si le nom est au pluriel, tous le groupe nominal sera au pluriel :
  des match**s** passionnant**s**. → La marque du pluriel est le plus souvent le **s**,
  – si le nom est féminin, tout sera féminin :
  une parti**e** passionnant**e** → La marque du féminin est le plus souvent le **e**.
- Et si le nom est féminin et au pluriel, tout sera accordé au féminin et au pluriel :
  des parti**es** passionnant**es** → La marque du féminin pluriel est **es**.

Je m'entraîne

① **Entoure ce qui a changé dans chaque paire de groupes nominaux.**

un grand terrain   des grands terrains
une petite balle   des petites balles
un maillot bleu   des maillots bleus

② **Classe ces groupes nominaux : remplis le tableau avec les lettres.**
a. un chien abandonné ; **b.** le terrain vague ; **c.** une vieille voiture rouge ; **d.** ces affreux monstres ; **e.** ces coupes de football ; **f.** la petite balle

	Singulier	Pluriel
Masculin		
Féminin		

③ **Surligne les groupes nominaux et recopie-les au bon endroit.**

Hier, nous avons fait un match de basket. Les filles sont teigneuses. Grâce à elles, nous avons gagné cette partie endiablée. Nos adversaires étaient désespérés !

Féminin singulier : ....
....
Féminin pluriel : ....
Masculin singulier : ....
Masculin pluriel : ....

J'approfondis

④ **Change par le nom proposé et accorde le groupe nominal.**

les nageuses célèbres (nageur) :
....

un joueur volontaire (joueuses) :
....

la coupe gagnée (tournois) :
....

des mauvais coups (passe) :
....

⑤ **Accorde, si besoin, les mots en gras.**

Aujourd'hui c'est le **grand**...... **jour**...... , le **nouveau**...... **car**...... nous a emmenés chez les **meilleur**...... **joueur**...... . Nous allons jouer contre nos **adversaire**...... **préféré**...... . Nos **gentil**...... **entraîneur**...... nous ont prévenus : « Utilisez votre **fin**...... **intelligence**...... , vos **force**...... **vive**...... et vos **gros**...... **muscle**...... . Gagner fera de vous les **meilleur**...... **joueur**...... de l'année ! »

Infos parents

- Cette leçon reprend toutes les précédentes. Elle permet à votre enfant d'automatiser l'accord dans le groupe nominal.
- Ne vous inquiétez pas s'il n'accorde pas tous les mots lors de l'écriture libre (courrier, par exemple). Aidez-le à se relire et à utiliser tout ce qu'il sait pour se corriger.

17

16 Conjugaison

Identifier le verbe et trouver son infinitif

Je retiens

*Je ne **range** jamais ma chambre !*

*Personne n'aime ça, mais il faut **ranger** !*

- Pour trouver le verbe conjugué dans une phrase, **il faut changer le temps de la phrase**.
  - Je **range** ma chambre.   →   présent
  - Je **rangeais** ma chambre. →   passé
  - Je **rangerai** ma chambre. →   futur

  Le verbe conjugué est le seul mot qui change : *range*.

- Pour désigner un verbe, on utilise son infinitif.
  Pour trouver l'infinitif, **on emploie l'expression « il faut … »**.
  Il faut **ranger**.
  L'infinitif du verbe est *ranger*.

Je m'entraîne

1 **Souligne les verbes conjugués.**
Ma chambre est toute neuve.
Mes parents décorent les murs.
Cette décoration illumine la pièce.
Je revis !

2 **Barre les verbes qui ne sont pas à l'infinitif.**
mettais – aspirer – peindra – mettre – peindre – éclaircir – couvre

3 **Souligne le verbe et transforme comme dans le modèle.**
Mes parents utilisent des pinceaux.
→ Il faut utiliser.
Les meubles cachent mon bazar.
....
Mon siège tourne et roule.
....
Le nouveau rideau glisse facilement.
....
Je dors dans le noir complet.
....
Le violet agrandit la pièce.
....

J'approfondis

4 **Écris l'infinitif de chaque verbe.**
Elle grandit : verbe grandir.

Je dessine : verbe ....
Nous attendons : verbe ....
Ils utilisaient : verbe ....
Tu tiens : verbe ....

5 **Recopie cette notice en mettant les verbes à l'infinitif.**
Tu ouvres le carton. → Ouvrir le carton.

Tu prends un tournevis.
....
Tu visses les grandes vis.
....
Tu assembles les deux planches.
....

6 **Surligne les verbes et écris en dessous leur infinitif.**
Mes amies entrent dans ma chambre. Elles
....
admirent la décoration.
....

Infos parents

- Votre enfant doit savoir trouver l'infinitif, car c'est l'infinitif qui détermine le groupe auquel appartient le verbe.
- Les groupes permettent de ne plus avoir à apprendre tous les verbes, mais juste un verbe modèle (du moins pour les 1er et 2e groupes).

17 Conjugaison

Classer les verbes en trois groupes

Je retiens

Classer, classer ! Pourquoi tout mettre dans des groupes ?

Les verbes sont classés en trois groupes. On peut les regrouper d'après leur infinitif.

Ça te facilitera la tâche quand tu apprendras tous les verbes !

- **1er groupe** : les verbes qui se terminent par *-er* à l'infinitif : sauv**er** – aid**er** – tri**er** (sauf aller)
- **2e groupe** : les verbes qui se terminent par *-ir* à l'infinitif et qui se conjuguent comme « finir » : fin**ir** (nous finissons) – rug**ir** (nous rugissons)
- **3e groupe** : tous les autres verbes : mentir – pouvoir – faire

Être et *avoir* sont deux verbes particuliers appelés auxiliaires.

Je m'entraîne

1) **Recopie les verbes au bon endroit.**
pleuvoir – utiliser – maigrir – consommer – nettoyer – grossir – devoir – transmettre – rougir – améliorer – faire

1er groupe	2e groupe	3e groupe
....	....	....
....	....	....
....	....	....
....	....	....

2) **Colorie en jaune les verbes du 1er groupe.**
je protège – je salis – nous crions – ils polluent – nous aimons – elles gagnent – elle punit – tu exploses

3) **Complète comme dans l'exemple et écris le groupe du verbe.**
sentir – nous sentons : *3e groupe*

rougir – nous ....

accueillir – nous ....

applaudir – nous ....

mentir – nous ....

partir – nous ....

J'approfondis

4) **Écris l'infinitif et le groupe du verbe en gras.**
Nous **protégeons** la planète.

....

Cela **devient** important.

....

5) **Ajoute un verbe à l'infinitif du groupe demandé.**
Je me dépêche de ....
(3e groupe)
Nous commençons à ....
(2e groupe)
Il est obligatoire de ....
(1er groupe)

6) **Surligne les verbes, écris leur infinitif et leur groupe en dessous.**
Hier, j'ai vu un arbre tomber.

....

Le vent soufflait très fort.

....

Les feuilles volaient partout.

....

Retrouve-nous sur **www.jecomprendstout.com**, d'autres tests t'attendent !

Infos parents
- La classification des verbes en trois groupes n'est pas difficile. Elle est surtout très utile ! (Voir leçon précédente.)
- Il faut bien insister sur les verbes en *-ir* qui peuvent appartenir au 2e ou au 3e groupe.

19

18 Conjugaison

Connaître les personnes et les pronoms

Je retiens

Qu'avez-vous fait aujourd'hui ?

Nous sommes allés en forêt.

Pour conjuguer les verbes, on utilise les pronoms personnels sujets. Ils sont classés en personne et en nombre.

	Singulier	Pluriel
1re personne	je	nous
2e personne	tu	vous
3e personne	il, elle, on	ils, elles

- **1re personne** : je, c'est la personne qui parle ; nous, c'est la personne qui parle et quelqu'un d'autre.
- **2e personne** : tu, c'est la personne à qui je parle ; vous, c'est la personne à qui je parle et quelqu'un d'autre ; c'est aussi une marque de politesse.
- **3e personne** : il ou elle, on remplace un groupe nominal sujet au singulier ; ils ou elles remplace un groupe nominal sujet au pluriel.

Je m'entraîne

1 Entoure les pronoms personnels sujet.

Ce matin, je suis en forme. Je décide de partir en balade. Mon chien et moi, nous allons à la ferme. Elle est à côté de la maison.

2 Écris le pronom personnel.

1re personne du pluriel : ....

3e personne du singulier : ....

2e personne du singulier : ....

3e personne du pluriel : ....

1re personne du singulier : ....

2e personne du pluriel : ....

3 Relie le mot ou groupe de mots au pronom personnel qui convient.

Mon père et moi • • elle
Mon frère et ma sœur • • il
Ma copine • • nous
Mon chien et toi • • vous
Mes grand-mères • • elles
Ivan • • ils

J'approfondis

4 Relie les groupes sujets avec les suites de phrases qui conviennent.

Agathe et moi • • courent très vite.
Les chevreuils • • attend le printemps.
Tu • • sommes allés dans les bois.
La végétation • • vas cueillir des mûres.

5 Écris entre les parenthèses le ou les personnages dont il s'agit.

La forêt est magnifique. Elle (....................) attend tranquillement le soleil. À huit heures, le matin, il (....................) se prépare à réveiller les animaux. Ils (....................) dorment au fond de leur tanière.

6 Remplace les pronoms personnels par un groupe nominal de ton choix.

Nous marchons trop vite.

....

Vous êtes passionnés de nature.

....

Infos parents

- Les pronoms remplacent des mots ou groupes de mots.
- Il est important que votre enfant sache passer de l'un à l'autre, c'est-à-dire remplacer un pronom par un groupe de mots et un groupe de mots par un pronom pour pouvoir écrire correctement le verbe.

19 Conjugaison

Conjuguer au présent les verbes du 1er groupe

Je retiens

C'est vrai que tous les verbes du 1er groupe se conjuguent ainsi ?

- Au présent, **tous les verbes du 1er groupe se conjuguent de la même façon**.
- Voici le tableau des terminaisons et le verbe chanter comme exemple :

Eh oui, tu as juste à apprendre par cœur les terminaisons et voilà !

	Singulier	Pluriel
1re personne	-e je chante	-ons nous chantons
2e personne	-es tu chantes	-ez vous chantez
3e personne	-e il chante	-ent ils chantent

Je m'entraîne

① **Surligne les terminaisons des verbes.**

ils crient – je dévore – nous adorons – tu souhaites – vous croquez – il contemple – elles promènent – tu montes

② **Relie les sujets et les verbes qui vont ensemble.**

je (j')   •   •   dansons
tu   •   •   joue
elle   •   •   s'amusent
nous   •   •   sautes
vous   •   •   arrive
ils   •   •   mimez

③ **Conjugue le verbe pédaler au présent.**

1re personne du singulier	
2e personne du singulier	
3e personne du singulier	
1re personne du pluriel	
2e personne du pluriel	
3e personne du pluriel	

J'approfondis

④ **Entoure seulement les verbes conjugués au présent.**

Tous les jeudis, je danse. Mon professeur aime nous faire danser. L'autre fois, il a montré un pas de hip-hop. Nous avons rigolé. Maintenant, nous préparons notre spectacle, il restera dans les mémoires !

⑤ **Remplace vous par je, puis par ils. N'écris que le pronom et le verbe.**

Vous bavardez tout le temps.

....

Vous discutez sans arrêt.

....

Vous chuchotez trop fort.

....

⑥ **Complète les phrases avec le verbe proposé.**

passer

Les jours .... vite.

Tu .... devant l'école.

mimer

Pendant la récréation, je ....

la maîtresse.

Paul et toi .... les éléphants.

Infos parents

- Le présent des verbes du 1er groupe est la première leçon de conjugaison.
- Votre enfant est confronté à l'apprentissage et l'automatisation des terminaisons, c'est-à-dire les connaître par cœur d'une part, mais aussi les appliquer correctement.

20 Conjugaison

Conjuguer au présent les verbes en -cer et -ger

Je retiens

Nous lançons une cédille pour faire sssssss.

- Tous les verbes du 1er groupe se conjuguent de la même façon. Mais, à la 1re personne du pluriel :
- les verbes qui se terminent par **-cer** comme *lancer* s'écrivent avec un **ç** à la place du c :
  nous lan**ç**ons ;
- les verbes qui se terminent par **-ger** comme *manger* s'écrivent avec un **e** après le g :
  nous mang**e**ons.

Pas mal cette formule pour ne pas oublier...

Je m'entraîne

1 Colorie en rouge les verbes en **-cer** et en jaune les verbes en **-ger**.
commencer – nager – arriver – déborder – déplacer – prononcer – saccager – foncer – pédaler – oser – piéger

2 Conjugue le verbe **lancer** au présent.

1re personne du singulier	
2e personne du singulier	
3e personne du singulier	
1re personne du pluriel	
2e personne du pluriel	
3e personne du pluriel	

3 Complète les verbes par **g** ou **ge** et par **c** ou **ç**.

Je man……e une pomme.

Nous balan……ons une corde.

Ils voya………ent depuis un mois.

Vous lan………ez un javelot.

Nous déména……ons demain.

J'approfondis

4 Conjugue les verbes proposés à la 1re personne du pluriel.

Pincer : ………………………………………

Déménager : ……………………………

Prononcer : ………………………………

Interroger : ………………………………

Saccager : …………………………………

5 Conjugue le verbe entre parenthèses au présent.

Nous (remplacer) ………………… la vitre.

Nous (manger) ………………………… des cacahuètes.

Nous (mélanger) ………………………… les couleurs.

Nous (commencer) ………………… à rire.

6 Réécris ce texte au pluriel.
Je commence déjà à râler. Je voyage depuis trois jours. J'efface de ma mémoire mes copains ou je mélange leurs photos. Je déménage !

Nous ………………………………………………
………………………………………………………
………………………………………………………
………………………………………………………

Infos parents
- Cette leçon permet déjà à votre enfant de revoir la conjugaison au présent, mais aussi de réviser comment on lit et écrit avec la lettre **g** et la lettre **c**.
- Cette leçon permet également de renforcer la maîtrise des pronoms personnels et des conjugaisons bien sûr.

21 Conjugaison

Conjuguer au présent les verbes du 2ᵉ groupe

Je retiens

C'est comme pour les verbes en **-er**, il faut juste apprendre les terminaisons.

- Les verbes du 2ᵉ groupe se terminent en **-ir** et s'écrivent **-issons** à la 1ʳᵉ personne du pluriel.
- Voici, comme exemple, la conjugaison du verbe *finir*.

Eh oui, mais il faut les savoir par cœur !

	Singulier		Pluriel	
1ʳᵉ personne	-s	je finis	-issons	nous finissons
2ᵉ personne	-s	tu finis	-issez	vous finissez
3ᵉ personne	-t	il finit	-issent	ils finissent

Je m'entraîne

1 **Colorie les verbes du 2ᵉ groupe.**
contenir – haïr – définir – mourir – nourrir – mentir – vomir – rétrécir – agrandir – dormir – obtenir – applaudir

2 **Conjugue le verbe applaudir au présent.**

1ʳᵉ personne du singulier	
2ᵉ personne du singulier	
3ᵉ personne du singulier	
1ʳᵉ personne du pluriel	
2ᵉ personne du pluriel	
3ᵉ personne du pluriel	

3 **Écris le pronom personnel devant chaque verbe.**

.... nourrissez le chat.

.... définit un mot.

.... finissons vite.

.... rétrécissent au lavage.

.... agrandis la table.

.... applaudissons chaudement.

.... rugis méchamment.

J'approfondis

4 **Conjugue le verbe entre parenthèses.**

Le spectacle se (finir) .... déjà.

Nous (applaudir) .... beaucoup.

Les lions (rugir) .... , ils ont faim.

La lionne (bondir) ....

5 **Change je par vous, puis par il, et conjugue le verbe.**

Je nourris le chat.
Vous ...., il ....

J'obéis toujours.
Vous ...., il ....

J'agrandis tous mes pulls.
Vous ...., il ....

6 **Écris ce texte en changeant tu par nous.**

Quand tu finis le repas, tu manges un dessert. Tu préfères dévorer un yaourt. Tu salis un peu la cuisine. Mais tu grandis bien !

Quand nous ....
....
....

 Retrouve-nous sur www.jecomprendstout.com, d'autres tests t'attendent !

Infos parents

- C'est la deuxième leçon avec des terminaisons à connaître par cœur. N'hésitez pas à faire « chanter » les terminaisons par votre enfant.
- Le dernier exercice reprend tout ce qui a été vu lors des deux leçons précédentes afin de réinvestir ce qui a été appris.

22 Conjugaison

Conjuguer au présent les auxiliaires *être* et *avoir*

Je retiens

Facile, *être* et *avoir*, je les connais déjà !

Oui, tu n'as plus qu'à savoir les écrire sans faute !

- Voici comment se conjuguent **être** et **avoir** au présent.

Être	Singulier	Pluriel
1re personne	je suis	nous sommes
2e personne	tu es	vous êtes
3e personne	il est	ils sont

Avoir	Singulier	Pluriel
1re personne	j'ai	nous avons
2e personne	tu as	vous avez
3e personne	il a	ils ont

Je m'entraîne

1 Relie les mots qui vont ensemble.

Alfred et Paul • • as un skate-board.
Le maître • • ai un monocycle
J' • • avons un avion.
Tes parents et toi • • a une moto.
Tu • • ont un vélo bleu.
Papa et moi • • avez une voiture.

2 Colorie de la même couleur les débuts et les fins de phrases.

Je	sont bavardes comme des pies.
Loïc et moi	es malin comme un singe.
Les filles	êtes dormeuses comme des marmottes.
Tu	suis malade comme un chien.
Maéva et toi	sommes rusés comme des renards.
Léon	est fin comme un haricot.

3 Complète par le pronom personnel qui convient.

Depuis hier, ... avons une drôle de tête. .... ai un bouton qui me chatouille. D'habitude, ... sont verts. Aujourd'hui, ... est orange.

J'approfondis

4 Transforme les phrases avec le sujet proposé.

J'ai peur du noir. Elle ....

J'ai un éléphant. Nous ....

J'ai mal aux dents. Ils ....

J'ai faim. Tu ....

5 Fais la même chose avec le verbe **être**.

Je suis fatigué. Il ....

Je suis un clown. Tu ....

Je suis en France. Vous ....

Je suis à la maison. Nous ....

6 Complète avec **avoir** ou **être**.

J'............... peur de l'avion.

Nous ....contents de déménager.

Vous .... un nouveau numéro de téléphone.

Il .... heureux de venir me voir.

Elle .... une voiture jaune.

Tu .... aussi un vélo.

Infos parents

Les auxiliaires *être* et *avoir* sont à connaître parfaitement, car ils permettent d'écrire tous les temps composés. Mais pas d'inquiétude, ils seront revus les années suivantes.

23 Conjugaison
Conjuguer au présent quelques verbes du 3ᵉ groupe

Je retiens

Oups ! Avec le 3ᵉ groupe, ça se complique.

- Les verbes du 3ᵉ groupe sont différents. Ils ne se conjuguent pas tous de la même façon au présent.

On a toujours les tableaux de conjugaison pour s'aider !

	Faire	Aller	Pouvoir	Venir	Prendre	Voir
je	fais	vais	peux	viens	prends	vois
tu	fais	vas	peux	viens	prends	vois
il	fait	va	peut	vient	prend	voit
nous	faisons	allons	pouvons	venons	prenons	voyons
vous	faites	allez	pouvez	venez	prenez	voyez
ils	font	vont	peuvent	viennent	prennent	voient

Je m'entraîne

1 Ajoute le pronom personnel qui convient.

.... vient. .... peuvent.

.... allez. .... voyons.

.... faites. .... prends.

2 Conjugue au présent le verbe demandé.

Nous (voir) ....

Vous (faire) ....

Il (pouvoir) ....

Je (aller) ....

Tu (venir) ....

3 Complète les phrases au présent avec :
faire
Il .... beau.

Vous .... un gâteau.

prendre
Nous .... le train.

Je .... mon bain.

aller
Vous .... à Madrid.

Ils .... chez toi.

J'approfondis

4 Transforme avec le pronom proposé.
Je viens au cirque.

Vous .... au cirque.

Tu peux dormir.

Ils .... dormir.

Il voit flou.

Vous .... flou.

5 Recopie ces phrases en les mettant au présent.

Vous faisiez du sport. ....

Tu allais au square. ....

Ils prenaient leur repas. ....

Je voyais un éléphant. ....

Vous viendrez demain. ....

6 Écris ce texte au pluriel.
Je viens de rentrer. Je fais mes devoirs. Après, je peux jouer. Je prends mes poupées et je vais dans le jardin. Je préfère jouer dehors !

Nous ....

....

....

....

Infos parents

- Les verbes du 3ᵉ groupe peuvent être très différents les uns des autres, d'où la difficulté de leur apprentissage.
- Au cycle 3, votre enfant va apprendre les verbes les plus courants, mais aussi les plus irréguliers. Ils seront retravaillés tout au long du cycle 3 ainsi qu'au collège.

24 Conjugaison

Conjuguer au futur les verbes du 1er et du 2e groupe

Je retiens

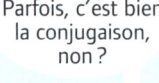

- Le futur sert à exprimer une action qui se fera plus tard. Les terminaisons sont les mêmes pour tous les verbes.
- Pour les verbes du 1er et du 2e groupe, il suffit de les ajouter à l'infinitif.

chanter → je chanterai
finir → je finirai

	Singulier	Pluriel
1re personne	-ai	-ons
2e personne	-as	-ez
3e personne	-a	-ont

1er groupe	2e groupe
je chanterai	je finirai
tu chanteras	tu finiras
il chantera	il finira
nous chanterons	nous finirons
vous chanterez	vous finirez
ils chanteront	ils finiront

Je m'entraîne

1 Dans le texte suivant, entoure les verbes qui sont conjugués au futur.

Il y a trente ans, les gens disaient : « Vous verrez, en l'an 2000, on marchera sur la planète Mars. » Ou encore ils pensaient : « Les gens auront des grosses voitures, elles seront capables de voler et elles ne feront plus de bruit. »

2 Écris l'infinitif des verbes.

Nous rugirons : ....

Elle applaudira : ....

Tu joueras : ....

Vous pleurerez : ....

Ils crieront : ....

3 Écris le pronom personnel qui convient devant chaque verbe.

.... grandiront.

.... explosera.

.... obéiras.

.... mâcherez.

.... décorerons.

J'approfondis

4 Complète les phrases en conjuguant au futur le verbe proposé.

Je (finir) .... mon travail et je (classer) .... mes feuilles.

Nous (déborder) ....

d'énergie, nous (finir) ....

fatigués.

Ils (aimer) .... jouer et

ils (haïr) .... dormir.

5 Recopie ce texte en le mettant au futur.

Cette année, je prépare mes affaires tout seul. Je plie même mon linge. Maman semble surprise. Mes frères s'en moquent, ils n'obéissent pas, ils salissent tout.

L'année prochaine, ...

....

....

6 Invente la suite.

Quand je serai grand, ...

et je ....

Je ....

Infos parents

- Le futur simple n'est pas toujours employé à l'oral. Souvent, on utilise le futur proche : *Demain, je vais manger des bonbons.*
- Il faudra aider votre enfant à formuler correctement le futur simple lorsque ce sera nécessaire.

25 Conjugaison

Conjuguer au futur les auxiliaires *être* et *avoir*

Je retiens

Chouette, nous allons pouvoir tout imaginer...

• Les verbes être et avoir se conjuguent de façon particulière au futur :

Être	Avoir
je serai	j'aurai
tu seras	tu auras
il sera	il aura
nous serons	nous aurons
vous serez	vous aurez
ils seront	ils auront

Plus tard, je serai astronaute, et tu seras vétérinaire !

Attention ! La forme de ces verbes est très différente de l'infinitif.

Je m'entraîne

1 Complète avec le pronom qui convient.

………… auras   ………… serez
………… auront   ………… serai
………… aurez   ………… aurons
………… serons   ………… seras
………… seront   ………… aura

2 Complète avec le verbe avoir.

Ils ………………………… une voiture.
Tu ………………………… mal aux dents.
On ………………………… des devoirs.
J'………………………… un chien.
Nous ………………………… des vacances.

3 Fais la même chose avec le verbe être.

Tu ………………………… drôle.
Ils ………………………… malades.
Vous ………………………… là.
Nous ………………………… à Paris.
Elle ………………………… fatiguée.

J'approfondis

4 Complète avec être ou avoir au futur.

Nous ………………………… du travail.
Vous ………………………… adultes.
Tu ………………………… grand.
Elle ………………………… des enfants.
Je ………………………… content.

5 Conjugue cette phrase avec le pronom demandé.

avoir grandi, être heureux.

Nous …………………………………………
Tu …………………………………………
Il …………………………………………

6 Écris ce texte au futur.

Je suis un enfant, j'ai des copains. Ils sont gentils, ils aiment la musique. Vous écoutez une chanson, vous avez envie de danser. Ce moment est très agréable.

…………………………………………………
…………………………………………………
…………………………………………………
…………………………………………………

Infos parents

Être et *avoir* font partie des verbes dont les formes au futur sont très différentes de l'infinitif. Les enfants doivent donc les apprendre entièrement, et par cœur.

26 Conjugaison
Conjuguer au futur quelques verbes du 3ᵉ groupe

Je retiens

Je ferai tout ce que j'ai à faire demain…

Et moi, je le ferai peut-être après-demain !

	Faire	Aller	Pouvoir	Venir	Prendre	Voir
je	ferai	j'irai	pourrai	viendrai	prendrai	verrai
tu	feras	iras	pourras	viendras	prendras	verras
il	fera	ira	pourra	viendra	prendra	verra
nous	ferons	irons	pourrons	viendrons	prendrons	verrons
vous	ferez	irez	pourrez	viendrez	prendrez	verrez
ils	feront	iront	pourront	viendront	prendront	verront

Attention, les verbes du 3ᵉ groupe n'ont pas tous la même forme au futur. Mais les terminaisons restent les mêmes.

Je m'entraîne

1) Écris l'infinitif de ces verbes.

Nous ferons : ………………………
Je viendrai : ………………………
Vous verrez : ………………………
Elles iront : ………………………
Tu pourras : ………………………
Il prendra : ………………………

2) Complète au futur.

Venir : tu ……………, nous ……………
Faire : tu ……………, nous ……………
Aller : tu ……………, nous ……………
Pouvoir : tu ……………, nous ……………

3) Conjugue au futur le verbe demandé.

Prendre : vous ………………………
Voir : tu ………………………
Faire : on ………………………
Aller : nous ………………………
Pouvoir : ils ………………………
Venir : je ………………………

J'approfondis

4) Conjugue le verbe entre parenthèses au futur.

Nous (venir) ……………………… demain. Il (faire) ……………………… beau. Vous (voir) ……………………… mon chien. Je (pouvoir) ……………………… jouer dehors. Tu le (prendre) ……………………… dans tes bras, et nous (aller) ……………………… courir.

5) Transforme ce texte au futur.

Nous allons au spectacle. Nous voyons des danseurs. Ils sont grands et bougent partout. Je suis content. En plus, vous êtes avec moi et nous sommes côte à côte.

………………………………………………
………………………………………………
………………………………………………
………………………………………………

6) Écris ce texte au pluriel sur une feuille à part.

Je mangerai un fruit. L'abricot sera juteux. Tu n'aimeras pas ça, mais tu goûteras quand même. Il pourra te réjouir. Il sera si fameux. Tu en demanderas un second !

Infos parents

Le futur de certains verbes du 3ᵉ groupe est difficile. Les tableaux de conjugaison sont un outil, comme le dictionnaire, alors n'hésitez pas à les lui faire utiliser.

27 Conjugaison
Conjuguer à l'imparfait des verbes du 1er et du 2e

Je retiens

Facile, l'imparfait...

• L'imparfait est un temps du passé. Il permet de raconter des faits qui ont duré ou qui se sont répétés. Les terminaisons sont toujours les mêmes.

Tu as bien raison, l'imparfait, c'est parfait !

	1er groupe : chanter	2e groupe : finir
je	je chant**ais**	je finiss**ais**
tu	tu chant**ais**	tu finiss**ais**
il	il chant**ait**	il finiss**ait**
nous	nous chant**ions**	nous finiss**ions**
vous	vous chant**iez**	vous finiss**iez**
ils	ils chant**aient**	ils finiss**aient**

**Attention, il faut ajouter un e avant la terminaison des verbes comme manger : je mangeais.
De même, il faut un ç avant la terminaison des verbes comme lancer : je lançais.**

Je m'entraîne

1) Entoure les verbes conjugués à l'imparfait.

Je gardais deux chats. Ils se ressemblaient énormément. Ma sœur les confondait tout le temps. Un jour, un des chats se sauva. Pendant longtemps, j'ai cru que les deux étaient toujours là, et que je ne voyais jamais le même !

2) Souligne le verbe et écris son infinitif.

Je mangeais du caïman. ....

Nous applaudissions le spectacle. ....

Vous salissiez la table. ....

Il dessinait une poule. ....

3) Complète les verbes à l'imparfait.

Nous agrandi............... la pièce.

Elles jou............... au foot.

Je fini............... la partie.

Vous gagn............... le match.

Tu lan............... le ballon.

J'approfondis

4) Conjugue à l'imparfait :
attraper une balle et la relancer

Nous ....

On ....

manger du chocolat et salir la cuisine

Je ....

Elles ....

5) Écris les phrases à l'imparfait.
Ils lancent la balle.

....

Nous mangeons un bonbon.

....

6) Recopie ce texte au pluriel sur une feuille à part.

Ce sanglier était vieux. Je n'avais pas entendu qu'il était là. J'étais surpris de le voir arriver. L'émotion envahissait tous mes membres !
Un autre sanglier s'approchait ! Je décidais de ne plus bouger.

 Retrouve-nous sur www.jecomprendstout.com, d'autres tests t'attendent !

Infos parents
• L'imparfait est un temps facile, les terminaisons sont toujours les mêmes. Les erreurs les plus fréquentes restent le ç et le e des verbes en -cer et -ger.
• Demandez alors à votre enfant de relire ce qu'il a écrit, il pourra se corriger. Il est d'ailleurs important de lui apprendre à se relire afin qu'il prenne l'habitude de se corriger.

28 Conjugaison — Conjuguer à l'imparfait les verbes du 3ᵉ groupe et les auxiliaires *être* et *avoir*

Je retiens

Génial ! Ce sont les mêmes terminaisons.

Oui, c'est facile, méfie-toi juste de quelques verbes !

Être	Avoir
j'étais	j'avais
tu étais	tu avais
il était	il avait
nous étions	nous avions
vous étiez	vous aviez
ils étaient	ils avaient

	Faire	Aller	Pouvoir	Venir	Prendre	Voir
je	faisais	j'allais	pouvais	venais	prenais	voyais
tu	faisais	allais	pouvais	venais	prenais	voyais
il	faisait	allait	pouvait	venait	prenait	voyait
nous	faisions	allions	pouvions	venions	prenions	voyions
vous	faisiez	alliez	pouviez	veniez	preniez	voyiez
ils	faisaient	allaient	pouvaient	venaient	prenaient	voyaient

Je m'entraîne

1 Écris l'infinitif du verbe.

Je pouvais : ....

Nous voyions : ....

Vous faisiez : ....

Tu prenais : ....

2 Complète avec le pronom personnel qui convient.

.... pouvaient .... prenais

.... veniez .... faisait

.... voyions .... étais

3 Retrouve l'infinitif des verbes et écris le groupe.

Il nageait : ....

Nous mentions : ....

Ils prenaient : ....

Le lion rugissait : ....

Les filles recommençaient : ....

J'approfondis

4 Conjugue le verbe demandé à l'imparfait.

Je (venir) .... te voir, tu (être) ....

avec Paul. Vous (faire) .... les fous.

Mais les parents (être) .... mécontents.

5 Transforme les phrases avec le pronom demandé.

J'avais un chien, j'étais très heureux.

Nous ....

Il ....

Tu ....

6 Sur une feuille à part, transforme ce texte à l'imparfait. Attention, il y a des verbes des trois groupes.

Au loto, je gagne souvent. Mes copains sont contents. Je partage mes cadeaux. Cette année, maman peut tout garder. Ce sont des ustensiles de cuisine !

Infos parents

L'imparfait des verbes du 3ᵉ groupe est facile, sauf pour certains verbes dont le radical change : *boire* → *je buvais*. Le radical est la partie du verbe à laquelle on va rajouter la terminaison.

29 Conjugaison
Conjuguer au passé composé avec l'auxiliaire *avoir*

Je retiens

Ah! Le présent des verbes *avoir* et *être*...

- Le passé composé est un temps du passé. Il raconte un événement qui a duré un temps précis.
- C'est un temps composé, c'est-à-dire que le verbe a deux parties : un **auxiliaire** (*être* ou *avoir*) conjugué au présent, et le **participe passé** du verbe : J'**ai mangé** du requin.

Eh oui, tu vas t'en servir au passé composé !

Chanter	Finir	Être	Avoir
j'**ai** chant**é**	j'**ai** fin**i**	j'**ai** été	j'**ai** eu
tu **as** chant**é**	tu **as** fin**i**	tu **as** été	tu **as** eu
il **a** chant**é**	il **a** fin**i**	il **a** été	il **a** eu
nous **avons** chant**é**	nous **avons** fin**i**	nous **avons** été	nous **avons** eu
vous **avez** chant**é**	vous **avez** fin**i**	vous **avez** été	vous **avez** eu
ils **ont** chant**é**	ils **ont** fin**i**	ils **ont** été	ils **ont** eu

Je m'entraîne

1 Colorie les verbes conjugués au passé composé.

nous avons vu - ils ont écouté - vous avez pu - tu applaudis - il coloriait - j'ai colorié - nous colorions - tu as applaudi

2 Aide-toi du tableau pour continuer les conjugaisons.

voir	prendre	faire
j'ai vu	j'ai pris	j'ai fait

3 Complète avec l'auxiliaire qui convient.

Nous .... dansé.

Ils .... tombés.

Vous .... applaudi.

J'............... eu.

Elle .... partie.

Tu .... pu.

J'approfondis

4 Surligne les verbes au passé composé. N'oublie pas que le passé composé s'écrit en deux mots.

Nous avons dansé toute la nuit. J'ai mis de la musique rythmée. Vous avez aimé cette soirée. Tu n'as pas apprécié ? Nous, nous avons adoré.

5 Conjugue le verbe proposé.

(rougir) J'................................

(faire) Il .... froid.

(prendre) Tu .... un pull.

(voir) Vous .... la neige.

(enfiler) Nous .... nos gants.

6 Recopie chaque phrase au passé composé.

Je prends un atlas.

....

Je regarde les pays d'Afrique.

....

Je rêve !

....

Infos parents

- Le passé composé est travaillé en deux parties : le passé composé avec le verbe *avoir* et le passé composé avoir le verbe *être*.
- La difficulté de l'accord au passé composé avec le verbe *avoir* sera vue plus tard, au cycle 3.

30 Conjugaison
Conjuguer au passé composé avec l'auxiliaire *être*

Je retiens

Je me suis mis au sport.

• Au passé composé, le participe passé des verbes qui se conjuguent avec le verbe *être* s'accorde toujours avec le sujet :
Mes copains et moi, nous sommes allés au cinéma.
(nous : masculin, pluriel).
Mes copines et moi, nous sommes allées au cinéma.
(nous : féminin pluriel).

C'est bien, moi je me suis mise au repos !

Arriver	Aller	Venir
je **suis** arriv**é(e)**	je **suis** all**é(e)**	je **suis** ven**u(e)**
tu **es** arriv**é(e)**	tu **es** all**é(e)**	tu **es** ven**u(e)**
il, on **est** arrivé	il, on **est** allé	il, on **est** venu
elle **est** arrivée	elle **est** allée	elle **est** venue
nous **sommes** arriv**é(e)s**	nous **sommes** all**é(e)s**	nous **sommes** ven**u(e)s**
vous **êtes** arriv**é(e)s**	vous **êtes** all**é(e)s**	vous **êtes** ven**u(e)s**
ils **sont** arriv**és**	ils **sont** all**és**	ils **sont** ven**us**
elles **sont** arriv**ées**	elles **sont** all**ées**	elles **sont** ven**ues**

Je m'entraîne

1 Classe le verbe en fonction de son auxiliaire.
manger – arriver – grandir – descendre – revenir – partir – jeter

avoir : ....

être : ....

2 Entoure les deux parties du verbe conjugué au passé composé.
Nous ne sommes pas venus vous voir. Vous êtes partis en vacances avant. Nous sommes alors rentrés à la maison. Je suis descendu jouer dehors. Je ne suis pas allé au parc. J'ai préféré faire du vélo.

3 Écris le pronom personnel qui convient.

.... suis allée.

.... êtes revenus.

.... sont tombées.

.... est venue.

.... sommes entrés.

J'approfondis

4 Conjugue les phrases suivantes au passé composé (les deux verbes) avec le groupe sujet proposé.
aller au cinéma, voir un dessin animé

Mélanie ....

Mon père et moi ....

tomber en panne, être en retard

Pauline ....

Nathalie et Pauline ....

5 Complète avec l'auxiliaire qui convient, accorde le participe passé si besoin.
Vous .... allé........ sur le port. Vous .... vu........ des bateaux. Ils .... arrivé..... la veille. Les vagues .... commencé......... à faire tout bouger. Nous .... rentré........ à la maison avant la tempête. Elle .... venu..... deux heures après.

Infos parents
Inutile de dire que le passé composé n'est pas un temps facile. L'accord du participe passé est une vraie difficulté pour les enfants. Il faut leur montrer que l'accord est toujours régulier avec l'auxiliaire être.

Corrigés

Grammaire

1. Connaître les signes de ponctuation (p. 3)

① ! - . - . - . - ?

② ( ) - ; - , - ,

③ – Bonjour, dit une voix dans la cour.
– Qui me parle ?
Je n'avais vu personne. Si j'entends crier
« Ouououhhhh », je pars en courant !
– Eh ! Tu m'entends ?
Un écureuil me parlait. Je répondis en chuchotant : « Oui... »

④ La semaine dernière en venant à l'école, j'ai vu de drôles de choses. **I**l y avait un chat avec une souris dans la bouche. **J**'ai vu aussi un oiseau chantant à tue-tête.

⑤ , - . - , - . - , - , - !

⑥ « Bonjour, je voudrais un pain au chocolat, s'il vous plaît. » « Bien sûr. » « Merci ! »

2. Différencier les types de phrases (p. 4)

① D - Int - Imp - E

② . - ? - !

③ Aujourd'hui, les mammouths n'existent plus. Avez-vous donné de l'eau aux animaux ?

④ Arrosez les éléphants. Puis, soignez les animaux.

⑤ Quel zèbre rapide ! Quel chimpanzé agile !

⑥ J'aime les gorilles. Comme c'est gros ! Regarde comme il est doué.
Ceci est un exemple de corrigé.

3. Construire des phrases interrogatives (p. 5)

① Comment vas-tu ? Pourquoi aimes-tu cet endroit ? Ne joues-tu pas ?

② Est-ce que je perds ? Est-ce que nous gagnons ? Est-ce que vous aimez ce jeu ? Est-ce que tu préfères les cartes ?

③ Sautez-vous à la corde ? Prend-il son ballon ? Jouent-ils à chat ? Allons-nous en récréation ?

④ Comment - Où - Qui - Quel - Quand

⑤ Comment t'appelles-tu ? À quelle heure es-tu arrivé ? Comment es-tu venu ?

⑥ Aimes-tu les figurines ? *ou* Est-ce que tu aimes les figurines ? - Combien en as-tu ? - As-tu des figurines de cow-boys ? *ou* Est-ce que tu as des figurines de cow-boys ?

4. Construire des phrases affirmatives et négatives (p. 6)

① A - N - N - N

② n'ai pas - ne veulent jamais - ne mange rien - n'ai rien - ne pouvais plus - ne faut jamais

③
| Tu n'as plus rien à manger. |
| Tu manges encore. |
| Tu as encore à manger. |
| Tu manges toujours. |
| Tu ne manges plus. |
| Tu ne manges jamais. |

④ La sauce tomate fait des taches. J'aime la mauvaise sauce tomate. Elle a préparé à manger.

⑤ Il n'y a pas d'haricots verts dans mon assiette. Yanis n'a jamais mangé d'haricots rouges.

⑥ Ne mangez pas les bonbons. Ne mettez pas vos coudes sur la table. Ne parlez pas la bouche pleine.

5. Repérer le verbe dans une phrase (p. 7)

① soufflait - soufflera - fait - a fait - joue - jouera

I

Corrigés

② J'aimerai - fera - j'aurai - protégera

③ étions - avons mangé - supportais - oubliais

④ est - sent - va - regarde - sait - a

⑤ s'occupe - aiment - jette - met - veut - glissons - pirouettons - patinons - tombons - rigolons

⑥ glissons - nous tombons - nous rions.
Ceci est un exemple de corrigé.

6. Identifier le sujet du verbe (p. 8)

① Nous l'avons déjà vu. Schrek est un ogre. Schrek se marie avec la princesse.

② Le dimanche, c'est nous qui avons le droit de regarder les dessins animés. C'est les enfants et les parents qui ne travaillent pas le dimanche.

③ Mon ami et moi - Le cinéma - Nous

④ Dans le jardin crient les enfants. Dans l'arbre chante l'oiseau. Dans la nuit galope un homme blanc.

⑤ Les bandes dessinées sont

Astérix et Obélix amusent

La marchande de poisson crie - hurle

plein d'enfants ont lu

⑥ les enfants - les hiboux - les hiboux et les chouettes
Ceci est un exemple de corrigé.

7. Utiliser les pronoms personnels sujet (p. 9)

① je - Nous - Ils - elle - je

②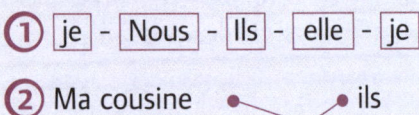

③ Il - Ils - Elle - Elles - Nous

④ Ce restaurant : il - Les serveuses et les serveurs : ils - la nourriture : elle - Mon père et moi : nous - tes parents et toi : vous - Les viandes et les carottes : elles

⑤ Les filles mangent du requin.
La maîtresse et moi dévorons de tout.
Le maître et toi n'aimez rien.
Ceci est un exemple de corrigé.

8. Accorder le verbe avec son sujet (p. 10)

①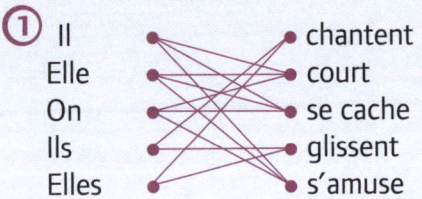

②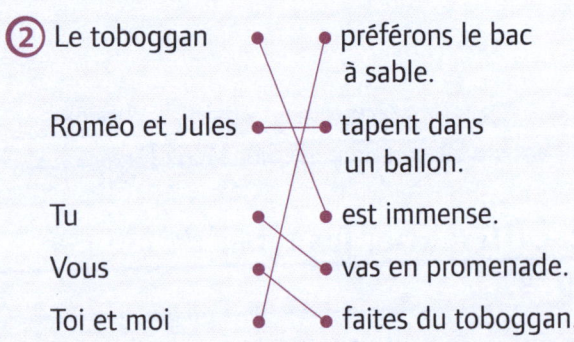

③ plaisent - sont venues - doit - glissent - rit

④ refuse - préfère - jouent - adorent

⑤ La fille chante et danse. Le chien saute et aboie.

⑥ Deux garçons se promènent dans le parc. Ils marchent tout doucement. Ils portent un petit chien noir. Ils le posent délicatement par terre et le regardent partir en courant.

9. Repérer les compléments du verbe (p. 11)

① Je lis des livres drôles. Ma maîtresse préfère les romans policiers. J'ai beaucoup de livres. J'apprends à lire.

Corrigés

② *On peut enlever :* hier matin - pour trois semaines - En trois semaines - Chaque fois

③ ai acheté |un livre de pirates| - avons lu |deux histoires| - choisis |un livre| - aiment |les histoires| - préfèrent |les histoires de monstres|

④ a lu un livre d'aventures - a aimé le héros et son ennemi - gagne les courses - double tout le monde - déteste ce champion - gagne tous les concours

⑤ l'histoire d'une fée - les histoires de pirates - lire - ma petite sœur
Ceci est un exemple de corrigé.

⑥ *Exemple :* Je dévore les histoires de sorciers.

10. Repérer les compléments de phrase (p. 12)

①
Expressions informant sur le temps	Expressions informant sur le lieu
avant-hier	dans les vestiaires
les autres fois	au fond du bus
à trois heures	sur la route

② Il y a un maître nageur à côté du plongeoir. De sa grande chaise, il surveille les enfants.

③ |Dans le grand bain| - |cette année| - |chaque semaine| - |dans son grand sac|

④ Tous les jeudis - dans une belle piscine - dans les vestiaires - au début de la séance

⑤ devant l'école - à côté de lui - avant de démarrer

⑥ En ce moment, je me baigne dans ma piscine préférée. Mes copains nagent en même temps, à côté de moi.
Ceci est un exemple de corrigé.

11. Identifier les noms communs et propres (p. 13)

① chat - Mistigri - paille - Lyon - Marseille - Pauline - foin - abreuvoir - sel - Paris

② poney - crinière - vent - sabots - bruit - crins - queue - natte

③ Etik - Gabrielle - Seguin - Gabrielle - Inès - Seguin

④ *Exemples :* Afrique, Angers, Loire - selle, carrière, poulain

⑤
Noms communs	Noms propres
chevaux	Seguin
cheval	Duéro
jument	Diane
poulain	Gabrielle
tache	Titou
front	Corse

⑥ (V) - (N) - (N) - (V) - (V) - (N)

12. Repérer le genre et le nombre d'un nom (p. 14)

① La - Le - La - Le - La - La

② éléphanteau - maman - girafon - savane - lionne - lionceau - brebis - maman - agneau

③
| ces temps pluvieux |
| les grandes herbes |
| ses animaux sauvages |

④ M, S - F, P - M, P - M, P - F, S

⑤ savane - singe - lion - lionnes - distances - animaux - hommes
noms féminins singulier : savane
noms féminins pluriel : lionnes, distances
noms masculins singulier : singe, lion
noms masculins pluriel : animaux, hommes

13. Identifier le déterminant (p. 15)

① la cheminée - mes vêtements - notre chien - leur maison - cette cuisine - du chocolat - cette armoire - ses chaussures

② |la| cuisine - |une| table - |des| chaises - |l'| évier - |la| cuisinière - |La| table - |les| chaises

III

Corrigés

③ Cette semaine - mon amie - ce gâteau - sa maman - du chocolat - du beurre - du sucre - Nos goûters - un verre de lait

④
	Singulier	Pluriel
Masculin	notre, ce, ton	des, leurs, ses, vos, ces, les
Féminin	cette, la, notre, une, ma	des, leurs, ses, vos, ces, les

⑤ le printemps - la maison - la rue - mes copains - du vélo - des jeux - du football - l'hiver

⑥ Le - un - Le - la - un - du - le - une

14. Repérer un adjectif qualificatif (p. 16)

①
Noms communs	Adjectifs qualificatifs
arbre	épais
jardin	blanc
banc	fleuri
statue	énorme

② grand - magnifique - éloignée - étroites - large - étroits - bruyants

③ beau village - petites maisons neuves - nouveaux habitants - nombreux enfants - copains drôles et gentils

④ hautes - énormes - minuscule - jolie - public

⑤ petite - bicolores - vieille - grand - sec - mouillé

15. Accorder le groupe nominal (p. 17)

① des grands terrains - des petites balles - des maillots bleus

②
	Singulier	Pluriel
Masculin	a, b	d
Féminin	c, f	e

③ un match de basket - Les filles - cette partie endiablée - Nos adversaires
Féminin singulier : cette partie endiablée
Féminin pluriel : les filles
Masculin singulier : un match de basket
Masculin pluriel : nos adversaires

④ le nageur célèbre - des joueuses volontaires - les tournois gagnés - une mauvaise passe

⑤ grand jour - nouveau car - meilleurs joueurs - adversaires préférés - gentils entraîneurs - fine intelligence - forces vives - gros muscles - meilleurs joueurs

Conjugaison

16. Identifier le verbe et trouver son infinitif (p. 18)

① est - décorent - illumine - revis

② *Verbes à barrer* : mettais - peindra - couvre

③ cachent - Il faut cacher ; tourne - roule - Il faut tourner et rouler ; glisse - Il faut glisser ; dors - Il faut dormir ; agrandit - Il faut agrandir

④ dessiner - attendre - utiliser - tenir

⑤ Prendre un tournevis. Visser les grandes vis. Assembler les deux planches.

⑥ entrent (entrer) - admirent (admirer)

17. Classer les verbes en trois groupes (p. 19)

①
1er groupe	2e groupe	3e groupe
utiliser	maigrir	pleuvoir
consommer	grossir	devoir
nettoyer	rougir	transmettre
améliorer		faire

② protège - crions - polluent - aimons - gagnent - exploses

③ rougissons : 2e groupe - accueillons : 3e groupe - applaudissons : 2e groupe - mentons : 3e groupe - partons : 3e groupe

④ protéger : 1er groupe - devenir : 3e groupe

⑤ dormir - courir - partager
Ceci est un exemple de corrigé.

IV

Corrigés

6 ai vu : voir, 3e groupe - soufflait : souffler, 1er groupe - volaient : voler, 1er groupe

18. Connaître les personnes et les pronoms (p. 20)

1 je - Je - nous - Elle

2 nous - il (elle ou on) - tu - ils (ou elles) - je - vous

3
Mon père et moi — elles
Mon frère et ma sœur — ils
Ma copine — elle
Mon chien et toi — vous
Mes grand-mères — nous
Ivan — il

4
Agathe et moi — sommes allés dans les bois.
Les chevreuils — courent très vite.
Tu — vas cueillir des mûres.
La végétation — attend le printemps.

5 (la forêt) - (le soleil) - (les animaux)

6 Ma grand-mère et moi - Les enfants et toi
Ceci est un exemple de corrigé.

19. Conjuguer au présent les verbes du 1er groupe (p. 21)

1 crient - dévore - adorons - souhaites - croquez - contemple - promènent - montes

2
je (j') — joue / arrive
tu — sautes / mimes
elle — joue / arrive
nous — dansons
vous — mimez
ils — s'amusent

3
1re personne du singulier	je pédale
2e personne du singulier	tu pédales
3e personne du singulier	il pédale
1re personne du pluriel	nous pédalons
2e personne du pluriel	vous pédalez
3e personne du pluriel	ils pédalent

4 danse - aime - préparons

5 Je bavarde, ils bavardent - Je discute, ils discutent - Je chuchote, ils chuchotent

6 passent - passes - mime - mimez

20. Conjuguer au présent les verbes en -cer et -ger (p. 22)

1 commencer - nager - déplacer - prononcer - saccager - foncer - piéger

2
1re personne du singulier	je lance
2e personne du singulier	tu lances
3e personne du singulier	il lance
1re personne du pluriel	nous lançons
2e personne du pluriel	vous lancez
3e personne du pluriel	ils lancent

3 mange - balançons - voyagent - lancez - déménageons

4 nous pinçons - nous déménageons - nous prononçons - nous interrogeons - nous saccageons

5 remplaçons - mangeons - mélangeons - commençons

6 Nous commençons déjà à râler. Nous voyageons depuis trois jours. Nous effaçons de ma (notre) mémoire mes (nos) copains ou nous mélangeons leurs photos. Nous déménageons !

21. Conjuguer au présent les verbes du 2e groupe (p. 23)

1 haïr - définir - nourrir - vomir - rétrécir - agrandir - applaudir

2
1re personne du singulier	j'applaudis
2e personne du singulier	tu applaudis
3e personne du singulier	il applaudit
1re personne du pluriel	nous applaudissons
2e personne du pluriel	vous applaudissez
3e personne du pluriel	ils applaudissent

V

Corrigés

③ Vous - Elle (il, on) - Nous - Ils (elles) - J'(tu) - Nous - Tu (je)

④ finit - applaudissons - rugissent - bondit

⑤ Vous nourrissez, il nourrit - Vous obéissez, il obéit - Vous agrandissez, il agrandit.

⑥ Quand nous finissons le repas, nous mangeons un dessert. Nous préférons dévorer un yaourt. Nous salissons un peu la cuisine. Mais nous grandissons bien !

22. Conjuguer au présent les auxiliaires *être* et *avoir* (p. 24)

①
Alfred et Paul — as un skate-board.
Le maître — ai un monocycle.
J' — avons un avion.
Tes parents et toi — a une moto.
Tu — ont un vélo bleu.
Papa et moi — avez une voiture.

②

Je	sont bavardes comme des pies.
Loïc et moi	es malin comme un singe.
Les filles	êtes dormeuses comme des marmottes.
Tu	suis malade comme un chien.
Maéva et toi	sommes rusés comme des renards.
Léon	est fin comme un haricot.

③ nous - J' - ils - il

④ Elle a - Nous avons - Ils ont - Tu as

⑤ Il est - Tu es - Vous êtes - Nous sommes

⑥ ai - sommes - avez - est - a - as

23. Conjuguer au présent quelques verbes du 3ᵉ groupe (p. 25)

① Il (elle, on) - Ils (elles) - Vous - Nous - Vous - Je (tu)

② voyons - faites - peut - vais - viens

③ fait - faites - prenons - prends - allez - vont

④ venez - peuvent - voyez

⑤ Vous faites du sport. Tu vas au square. Ils prennent leur repas. Je vois un éléphant. Vous venez demain.

⑥ Nous venons de rentrer. Nous faisons nos devoirs. Après, nous pouvons jouer. Nous prenons mes (nos) poupées et nous allons dans le jardin. Nous préférons jouer dehors !

24. Conjuguer au futur les verbes du 1ᵉʳ et du 2ᵉ groupe (p. 26)

① verrez - marchera - auront - seront - feront

② rugir - applaudir - jouer - pleurer - crier

③ Ils (Elles) - Il (Elle) - Tu - Vous - Nous

④ finirai - classerai - déborderons - finirons - aimeront - haïront

⑤ L'année prochaine, je préparerai mes affaires tout seul. Je plierai même mon linge. Maman semblera surprise. Mes frères s'en moqueront, ils n'obéiront pas, ils saliront tout.

⑥ je préparerai mon repas - mangerai ce que je veux - dévorerai plein de fromage
Ceci est un exemple de corrigé.

25. Conjuguer au futur les auxiliaires *être* et *avoir* (p. 27)

① Tu - Vous - Ils ou elles - Je - Vous - Nous - Nous - Tu - Ils ou elles - Il, elle ou on

② auront - auras - aura - aurai - aurons

③ seras - seront - serez - serons - sera

④ aurons - serez - seras - aura - serai

⑤ Nous aurons grandi, nous serons heureux. Tu auras grandi, tu seras heureux. Il aura grandi, il sera heureux.

⑥ Je serai un enfant, j'aurai des copains. Ils seront gentils, ils aimeront la musique. Vous écouterez une chanson, vous aurez envie de danser. Ce moment sera très agréable.

Corrigés

26. Conjuguer au futur quelques verbes du 3e groupe (p. 28)

① faire - venir - voir - aller - pouvoir - prendre

② viendras - viendrons - feras - ferons - iras - irons - pourras - pourrons

③ prendrez - verras - fera - irons - pourront - viendrai

④ viendrons - fera - verrez - pourrai - prendras - irons

⑤ Nous irons au spectacle. Nous verrons des danseurs. Ils seront grands et bougeront partout. Je serai content. En plus, vous serez avec moi et nous serons côte à côte.

⑥ Nous mangerons un fruit. Les abricots seront juteux. Vous n'aimerez pas ça, mais vous goûterez quand même. Ils pourront vous réjouir. Ils seront si fameux. Vous en demanderez un second !

27. Conjuguer à l'imparfait des verbes du 1er et du 2e groupe (p. 29)

① gardais - se ressemblaient - confondait - étaient - voyais

② mangeais : manger - applaudissions : applaudir - salissiez : salir - dessinait : dessiner

③ agrandissions - jouaient - finissais - gagniez - lançais

④ attrapions - relancions - attrapait - relançait - mangeais - salissais - mangeaient - salissaient

⑤ Ils lançaient la balle.
Nous mangions un bonbon.

⑥ Ces sangliers étaient vieux. Nous n'avions pas entendu qu'ils étaient là. Nous étions surpris de les voir arriver. Les émotions envahissaient tous mes (nos) membres. Deux autres sangliers s'approchaient ! Nous décidions de ne plus bouger.

28. Conjuguer à l'imparfait les verbes du 3e groupe et les auxiliaires être et avoir (p. 30)

① pouvoir - voir - faire - prendre

② Ils ou elles - Je ou tu - Vous - Il, elle ou on - Nous - J' ou tu

③ nager : 1er groupe - mentir : 3e groupe - prendre : 3e groupe - rugir : 2e groupe - recommencer : 1er groupe

④ venais - étais - faisiez - étaient

⑤ avions - étions - avait - était - avais - étais

⑥ Au loto, je gagnais souvent. Mes copains étaient contents, je partageais mes cadeaux. Cette année, maman pouvait tout garder. C'était des ustensiles de cuisine !

29. Conjuguer au passé composé avec l'auxiliaire avoir (p. 31)

① avons vu - ont écouté - avez pu - ai colorié - as applaudi

②

voir	prendre	faire
j'ai vu	j'ai pris	j'ai fait
tu as vu	tu as pris	tu as fait
il a vu	il a pris	il a fait
nous avons vu	nous avons pris	nous avons fait
vous avez vu	vous avez pris	vous avez fait
ils ont vu	ils ont pris	ils ont fait

③ avons - sont - avez - ai - est - as

④ avons dansé - ai mis - avez aimé - as apprécié - avons adoré

⑤ ai rougi - a fait - as pris - avez vu - avons enfilé

⑥ J'ai pris un atlas. J'ai regardé les pays d'Afrique. J'ai rêvé !

30. Conjuguer au passé composé avec l'auxiliaire être (p. 32)

① avoir : manger, grandir, descendre, jeter
être : arriver, descendre, revenir, partir

② sommes venus - êtes partis - sommes rentrés - suis descendu - suis allé - ai préféré

VII

Corrigés

③ Je - Vous - Elles - Elle - Nous

④ est allée - a vu - sommes allés - avons vu - est tombée - a été - sont tombées - ont été

⑤ êtes allé(e)s - avez vu - sont arrivés - ont commencé - sommes rentré(e)s - est venue

Orthographe

31. Lire et utiliser la lettre s (p. 33)

① • rusé, rasoir, cerise, saison
• passer, soir, traverser, saucisse, saison
• journées

② maison - hasard - assassin - magasin - vitesse - bosse - tasse - oiseau

③ disque - asperge - caisse - frisson - saucisse - escargot - absent - casserole - salsifis

④ vase - chaise basse - cassé - pose - embrasser - baiser - brosse - salade - assiette - fraise - pansement - valise

⑤ désert - poissons - trousse - casserole - laisse

⑥ • télévision, chemise, base
• dentiste, asseoir, passer
• assis, puis, toujours
Ceci est une exemple de corrigé.

32. Lire et utiliser la lettre c (p. 34)

① cacahuète - asticot - tronçonneuse - encercler - ascenseur - cette - Cécile - Corinne - culture - glaçon - glace

② hameçon - cédille - cirque - merci - glace - garçonnet - perçais - perceuse

③ un garçon - une quille - des pièces - un clou - un cochon - un escargot

④ comique - querelle - crêpe complète - sucre - classeur - inquiet - carrefour

⑤ caramel - cascadeur - garçon manqué - abricot délicieux - quelques citrons

⑥ lançais - lance - courait - avançait - lance - couinait - comprendre - collier - commençait

33. Lire et utiliser la lettre g (p. 35)

① bagarre - guirlande - glouton - ogresse - blague - dégustation

② bougeoir - gendarme - pigeon - nageoire - géant - gentillesse

③ • un gorille, le goûter, un garçon, une figue, une figure
• gentil, le courage, un girafon, la géométrie, la gymnastique

④ gomme - marguerite - aiguille - égal - blagueur - figure - guerre

⑤ plage - dirigeable - mangeons - gifle - gymnaste - pigeonnier

⑥ baignoire - rouge-gorge - guirlande - blague - garage - gorille

34. Choisir entre -il ou -ille à la fin d'un mot (p. 36)

①

une bouteille	un écureuil
une médaille	une paille
un travail	un portail

② un appareil - une merveille - cette oreille - un conseil - une vieille dame - le fenouil

③ la - le - la - le - le - la

④ un écureuil - une bouteille - une médaille - un soleil

⑤ fouille - nouilles - éventail - paille - merveille - vitrail

⑥ un portail - un sommeil - une feuille - un rail - un chevreuil - une bouteille - une corbeille - une écaille

⑦ portail - chevreuil - oreille - feuille - médaille - merveille - réveil - sommeil

VIII

Corrigés

35. Différencier les accents sur la lettre e (p. 37)

① un élève - une fermière - la récréation - une vipère - la fête - une fenêtre

②
une école	la première
j'ai pleuré	une arête
l'été	le vétérinaire
prévenir	du café

③ lèvres - terre - pièce - frère

④ • un éléphant, une écrevisse, un étau
• un père, une mère, un frère
• être, fête, tête
Ceci est un exemple de corrigé.

⑤ trésor - écrevisse - mère - élève - mégère - chèvre

⑥ chêne - ménagerie - écurie - fenêtre - bête - nénuphar - fête - géant

⑦ boulangère - rangé - derrière - étalage - gardé - énormes - épicière - échange - café - légumes - pêches - frère - commandé - préparer - fête

36. Choisir entre on et ont (p. 38)

① Il est - Il a - il s'est

② Ils avaient - Elles n'avaient - Ils avaient - qui avaient

③ On a bien dormi !
Ils ont trop dormi !
Hier, on dansait.
Les garçons ont joué.
A-t-on le droit de rire ?
Ont-ils bien rangé ?
→ il / avaient

④ on - ont - On - ont

⑤ On - ont - On - ont - on - ont

⑥ On est allé se promener. On a vu des chats. Ils ont couru après des souris. Ils n'ont pas réussi à les rattraper.
Ceci est un exemple de corrigé.

37. Choisir entre son et sont (p. 39)

① Mon père - Mon collier - mon chien

② Les enfants étaient - Ils étaient - étaient les tigrons - ils étaient

③ Ils sont drôles.
Son chien est gentil.
Son chat est vieux.
Les chiens sont bagarreurs.
Est-ce que son frère est là ?
Mes frères sont-ils là ?
→ mon / étaient

④ sont - sont - Son - Son - Son - sont

⑤ son - sont - sont - son - son - sont - Son - son

⑥ Son plat préféré est le flan. Les œufs sont cuits avec du lait. Son père ajoute même du caramel. Ces desserts sont un enchantement.
Ceci est un exemple de corrigé.

38. Choisir entre et et est (p. 40)

① Il était - La nuit était - Une étoile était - Ce n'était - c'était

② et aussi - et puis - et puis

③ Ma sœur est grande et blonde - Elle est agaçante et fatigante - Mais elle est drôle et elle me fait rire.

④ L'extraterrestre est là. Il est dangereux et méchant. Papa est affolé (*ou* maman est affolée). Il est assis, il ne bouge plus.

⑤ est - est - et - est - et - et - est - et

⑥ et - est ; et - est ; et - est ; et - est ; et - est ; et - est

39. Choisir entre a et à (p. 41)

① Léon avait - l'avait faite - en avait

② Céline avait dévoré - elle en avait - elle avait

③ vers Paris - sur la plage - dans l'école

④ Myriam a un goûter. Jérémy a des bonbons. Il n'a pas envie de partager.

IX

Corrigés

⑤ La pomme a des pépins. La fraise a une queue verte. L'abricot a un noyau. Et est-ce que la banane a un noyau ?

⑥ a – à – a – à – a – à

40. Choisir entre *ou* et *où* (p. 42)

① Fromage ou bien dessert ? Noir ou bien blanc ? Confiture ou bien chocolat ?

② Dans la cuisine ou bien dans la salle ? Veux-tu que je vienne ou bien tu me rejoins ? Ou bien je me lave, ou bien je m'endors !

③ Où – ou – où – où

④ Je suis à la plage. Il est sous ma serviette. Elles sont dans l'eau, je les lave.
Ceci est un exemple de corrigé.

⑤ où – ou – où – où – où – ou

⑥ ou-où ; ou-où ; ou-où ; ou-où ; ou-où

41. Écrire *m* devant *m*, *b*, *p* (p. 43)

① dent - enfant - emplacement - tomber - lapin - impossible

② impatient - pompiers - tambour - température - timbre - emmener

③ un éléphant - une pompe - une ambulance - un champignon

④ ensuite - montre - immense - vendredi - ombrelle - dentiste - simple - compote

⑤ impair - inconnu - immobile - injuste - imbattable - impossible - imbuvable – inattendu

⑥ plombier - concombre - printemps

42. Écrire le pluriel des noms et des adjectifs (1) (p. 44)

① des oies criardes - mes jolies petites poulettes - les jeunes chatons

② mon canard — mes canards
une poule — des poules
leur ferme — leurs fermes
ce fermier — ces fermiers
la grange — les granges

③
s'écrit avec un « s » au pluriel	ne change pas au pluriel
un chat	le riz
minuscule	une brebis
un œuf	une perdrix
une écurie	gras
une barrière	gros
une charrue	une souris

④ ce mouton blanc - un cochon rose - ma chèvre brune

⑤ des chiens méchants - des jeunes fermières - des bœufs énormes - des lapins gris - des grands hangars - des belles juments

⑥ jour - grande ferme - énormes oies grises - belles bêtes - atroce - criarde - gros bec

43. Écrire le pluriel des noms et des adjectifs (2) (p. 45)

① un château — des châteaux
le bijou — les bijoux
ce feu — ces feux
mon jeu — mes jeux
ton chameau — tes chameaux

② (P) - (S) - (P) - (P) - (S) - (P)

③
avec un « s » au pluriel	avec un « x » au pluriel	ne change pas au pluriel
un sou	un chapeau	doux
un pneu	un caillou	joyeux
un carnaval	un bureau	mauvais
	un neveu	

④ mon cheval - un bocal - ce chapeau - le morceau - un métal - un corbeau

⑤ des cailloux - des sous - des genoux - des poux - des neveux - des gâteaux - des pneus - des seaux - des beaux ballons

⑥ des gros rideaux - des bureaux bleus - des tableaux noirs - des vieux bateaux

x

Corrigés

44. Écrire le féminin des noms et des adjectifs (1) (p. 46)

① un ami gentil — une chatte câline
un lion féroce — une enfant élégante
un chat câlin — une amie gentille
un élève brillant — une lionne féroce
un enfant élégant — une élève brillante

②
masculin	féminin
un fiancé souriant	une fiancée souriante
un gagnant enragé	une gagnante enragée
un jeune candidat	une jeune candidate
un géant diabolique	une géante diabolique
un musicien exceptionnel	une musicienne exceptionnelle

③ *Mots à barrer :* **a.** chien ; **b.** évadée ; **c.** ami ; **d.** succulente ; **e.** fatigué ; **f.** comédienne

④ une amie attentionnée - ma charmante invitée - une mauvaise perdante - une marquise connue

⑤ Une apprentie douée est dans la cuisine. L'invitée gourmande arrive dans la salle. C'est une marchande de légumes. Elle voudrait rencontrer l'apprentie. À côté, la cliente est mécontente. L'apprentie a quitté sa cuisine !

45. Écrire le féminin des noms et des adjectifs (2) (p. 47)

① un instituteur - un cuisinier - un chanteur - un prince - un moniteur - un dompteur

②
masculin	féminin
un boulanger	une boulangère
un roi	une reine
un frère	une sœur
un dessinateur	une dessinatrice
un voleur	une voleuse

③ une - un ou une - un - un ou une - une

④ F - G - F - G

⑤ ta fidèle admiratrice - la malheureuse princesse - une fameuse présentatrice - une ouvrière géniale

⑥ agricultrice - enchantée - débutante - motivée - passionnée - efficace - heureuse

46. Identifier la lettre finale d'un mot (p. 48)

① dent - éclat - regard - refus - éteint - fameux

② un pays   sauter
un saut   réciter
cent   boiserie
bois   paysage
récit   centaine

③ plat - plate ; profond - profonde ; chaud - chaude ; froid - froide ; couvert - couverte ; succulent - succulente ; gris - grise ; blanc - blanche

④ un habitant charmant - un gros gourmand

⑤ le toit - la toiture ; le tricot - tricoter ; le galop - galoper ; le tapis - tapissier ; le confort - confortable ; le vagabond - vagabonder
Ceci est un exemple de corrigé.

⑥ grand blond - plat chaud - éléphant fort - lent rebond - long retard - fruit cuit - repos parfait - bord étroit - début laborieux - candidat admis

Vocabulaire

47. Classer des mots dans l'ordre alphabétique (p. 49)

① e f g - u v w - p q r - r s t - m n o - a b c - h i j - j k l - c d e - s t u - f g h - b c d

② c d e g j k - h i m p r w - b c n q v x - d o q t w z

③ ananas - carotte - kiwi - poire

④ couteau - cuillère - fourchette - serviette - verre
café - eau - limonade - thé - tisane - vin

⑤ • abricot - cassis - mangue - papaye - pêche
• balance - betterave - bouillant - bouillir
• casse - casser - casserole - cassoulet
• infinitif - infirmière - infuser - infusion

⑥ épiloguer - épinard - épinceter
soupçonneux - soupe - soupente
Ceci est un exemple de corrigé.

XI

Corrigés

48. Rechercher un mot dans le dictionnaire (p. 50)

① cartable - ardoise - tableau - table - ustensile - taille-crayon - crayon - tube - colle

②

	avant	F	après
stylo			X
pochette			X
feutre		X	
famille		X	
cartouche	X		
trousse			X
classeur	X		

③ *Mots à barrer :* garage - porter - thé - déçu

④

	avant	sur cette page	après
tarte		X	
tartre		X	
tomate			X
tante	X		
tente			X
taureau		X	
talent	X		

⑤

mot	page	mot qui suit
école	360	écolier, ère
copain	260	copal
récréation	865	recréer
bille	135	biller
corde	263	cordé
ballon	114	ballonné,e
marelle	627	marémoteur,trice

La réponse sera différente selon le dictionnaire.

49. Lire un article de dictionnaire (p. 51)

① nom masculin - verbe - adjectif - nom féminin - pluriel

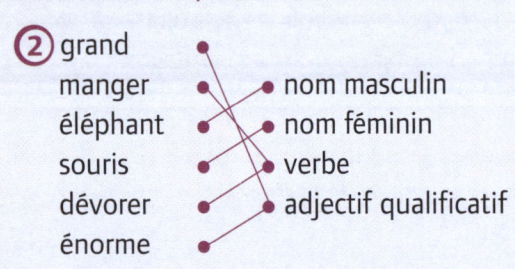

② grand — adjectif qualificatif
manger — verbe
éléphant — nom masculin
souris — nom féminin
dévorer — verbe
énorme — adjectif qualificatif

③ Foire — Grand marché.
Fou — Qui a perdu la raison.
Fort — Puissant physiquement.
Fortune — Biens, richesse.
Forêt — Grande étendue d'arbres.
Fouiller — Creuser pour chercher.

④ pétale : masculin - volt : masculin - tzigane : féminin ou masculin - tulle : masculin

⑤ braire : pousser son cri, en parlant de l'âne - papaye : fruit comestible du papayer, semblable à un gros melon - limpide : clair et transparent.

⑥ C'est un nom féminin. Il a trois sens différents.
ils donnent des exemples

50. Connaître les familles de mots (p. 52)

①

doux	collectionner	parapluie
dur	douceur	éventail
collection	venteux	durcir
pluie	durement	adoucir
vent	pluvieux	collectionneur

② 1. fleur - fleuriste - fleurir
2. mensonge - menteur - mentir
3. droit - droitier - adroitement
4. malpoli - poliment
5. tournevis - vis - visser

③ • soleil - solaire - ensoleillé - ~~scolaire~~ - parasol
• déteindre - teinture - teinte - ~~peinture~~ - teindre
• terrien - déterrer - extraterrestre - ~~terrible~~ - atterrir

④ panne - dépanneur - dépanneuse - dépannage

⑤ neige : neigeux, enneigé, déneiger
aliment : alimentaire, alimentation, suralimenté
baigner : bain, baignoire, baignade
Ceci est un exemple de corrigé.

⑥ • bord : déborder, bordure, border, débordement, aborder, bâbord, tribord.
• jour : aujourd'hui, journée, journal, ajourner, bonjour.
Ceci est un exemple de corrigé.

Corrigés

51. Repérer les préfixes et les suffixes (p. 53)

① • coiffure - coiffeur - décoiffé
• bord - déborder - border
• mur - murer - emmurer
• patient - impatient - patience

② in + sensible - mal + habile - il + limité - dé + boucher

③

former	décrocher
accrocher	décoller
coller	débrancher
armer	désarmer
brancher	déformer
plier	déplier

④ patienter - gagner - perdre - jouer

⑤ malheureux - défaire - imprudent - irréel

⑥ enneiger - illisible - inégalitaire - détachant
Ceci est un exemple de corrigé.

52. Comprendre un mot dans ses différents sens (p. 54)

① glace - lettre

② 2 - 1 - 1 - 1 - 2

③ J'ai acheté une **baguette** fraîche. — petit bâton de bois
J'ai perdu ma **baguette** magique. — pain long et fin
J'entends un bruit de **goutte**. — petite quantité.
Je veux bien une **goutte** de café. — liquide qui se détache avec une forme sphérique.

④ Objet métallique qui fournit de l'énergie électrique.
Métal précieux blanc et brillant.
Instrument pour tracer des lignes.

⑤ Langue : J'aime la langue française.
Langue : Ce bonbon me pique la langue.
Carte : C'est une carte de France.
Carte : J'adore jouer aux cartes.
Ceci est un exemple de corrigé.

⑥ Je mange ma glace devant la glace.
Je déteste goûter des bonbons au goûter.
Ceci est un exemple de corrigé.

53. Utiliser des mots synonymes (p. 55)

① *Mots à barrer :* grotesque - infâme - tiède

② *Mots à barrer :* briser - faire - donner

③

un bateau	une voiture
un navire	une mobylette
une embarcation	un véhicule
un marin	une locomotive
un voilier	une automobile
une barque	un monospace

un dessin	une maison
une œuvre d'art	une villa
un crayon	une demeure
une peinture	une chaumière
une illustration	un immeuble
une image	un chalet

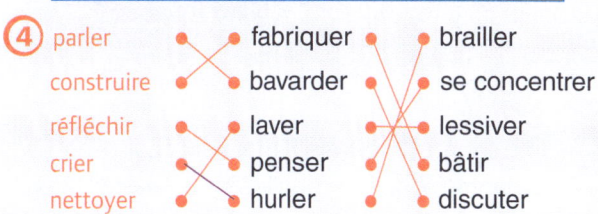

④ parler — bavarder
construire — fabriquer / bâtir
réfléchir — penser
crier — brailler / hurler
nettoyer — laver / lessiver
(discuter, se concentrer)

⑤ ravi, enchanté - malheureux, peiné - aisé, simple - compliqué, dur - aimable, agréable

⑥ veste - chaussons - souliers - le (les) bois

54. Utiliser des mots contraires (p. 56)

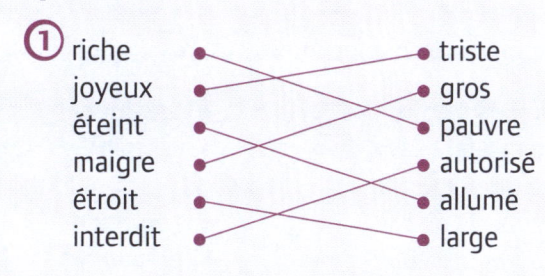

① riche — pauvre
joyeux — triste
éteint — allumé
maigre — gros
étroit — large
interdit — autorisé

XIII

Corrigés

② ajouter — aimer
arrêter — raccourcir
haïr — retirer
allonger — continuer
nettoyer — venir
partir — salir

③

le bonheur	le mal
l'inconnu	le malheur
le bien	le connu
la méchanceté	la tristesse
la gaieté	l'envers
l'endroit	la gentillesse

④ léger - courte - jeune - lent - facile

⑤ salit - désobéit - ramasse
Ceci est un exemple de corrigé.

⑥ revenue - vendu - vertes - mûres - mauvais - partie riche - triste

55. Différencier des mots homonymes (p. 57)

① le - La - le - La - le - la

② Elle - la - La - Elle

③ porc - port
porc - port

④ maire - mère - mer
mer - maire - mère

⑤ la colle - le cou - une reine

⑥ Le sang est rouge. Dix fois dix égal cent. Au camping, on dort sous la tente. Ma tante s'appelle Suzie.
Ceci est un exemple de corrigé.

56. Utiliser des mots précis (p. 58)

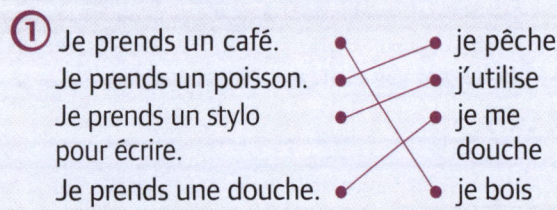

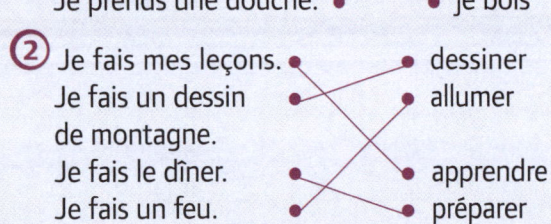

① Je prends un café. — je pêche
Je prends un poisson. — j'utilise
Je prends un stylo pour écrire. — je me douche
Je prends une douche. — je bois

② Je fais mes leçons. — dessiner
Je fais un dessin de montagne. — allumer
Je fais le dîner. — apprendre
Je fais un feu. — préparer

③ apprécier - aimer - adorer ; grand - immense - gigantesque ; microscopique - minuscule - petit ; bon - délicieux - succulent ; mécontent - furieux - furibond

④ le bord de la mer — lisière
le bord d'un bois — côté
le bord d'un quadrilatère — côte
le bord d'un pays — arête
le bord d'un tableau — frontière
le bord d'un solide — cadre

⑤ Verse - Ajoute - Étale

⑥ minuscule - courts - éléphanteau (enfant, bébé)

Bilans

Grammaire

Connaître les types de phrases et leur ponctuation (p. 59)
① . D - ! E - ? I - ! Imp - ? I

Identifier les formes de phrases (p. 59)
② Je ne suis pas un garçon. Je n'ai plus de cheveux. Mes bras ne sont pas longs. Je ne ressemble à personne. Je ne suis jamais gai.

Construire des phrases interrogatives (p. 59)
③ Vas-tu te promener ? *ou* Est-ce que tu vas te promener ? - Ne voulez-vous pas aller en forêt ? *ou* Est-ce que vous ne voulez pas aller en forêt ? - Y a-t-il beaucoup de boue ? *ou* Est-ce qu'il y a beaucoup de boue ? - Irons-nous sur le chemin ? *ou* Est-ce que nous irons sur le chemin ? - La végétation est-elle jolie ? *ou* Est-ce que la végétation est jolie ?

Repérer le verbe et son sujet (p. 59)
④ [Je] déteste - [je] danse - [tout le monde] saute - [La guitare électrique] est - [ma meilleure copine] - a acheté

Corrigés

Repérer le groupe sujet et accorder le verbe (p. 60)

5 je ; Depuis hier, nous soignons un chien. - Il ; Ils s'amusent beaucoup. - Ce chien ; Ces chiens jouent avec la chatte. - La chatte ; Les chattes sautent dessus. - Elle ; Elles ne griffent pas.

Différencier complément de verbe et complément de phrase (p. 60)

6 Depuis longtemps - des canines - la viande sur les carcasses - un très bon odorat dans la nature - Dans leur cerveau - des milliers d'odeurs - le sol tout le temps

Identifier les mots du groupe nominal (p. 60)

7 Le vieux |singe| - des |bananiers| magnifiques - Chaque |plante| majestueuse - des |bananes| ensoleillées - des |fruits| sculptés

Repérer le genre et le nombre d'un groupe nominal et l'accorder (p. 60)

8 MS, des éléphants roses
FS, un lion féroce
MP, du grand rhinocéros
MS, les petits moustiques
MP, mes meilleures amies

Conjugaison

Trouver l'infinitif et le groupe d'un verbe (p. 60)

1 faire ; 1er groupe - éplucher ; 1er groupe - demander ; 1er groupe - finir ; 2e groupe - commencer ; 1er groupe

Connaître les pronoms de conjugaison (p. 61)

2 1e pers. du pluriel - 2e pers. du pluriel - 1e pers. du singulier - 3e pers. du pluriel - 2e pers. du singulier

Conjuguer les verbes du 1er et du 2e groupe au présent (p. 61)

3 adore - demande - finissent - commençons - chuchotent

Conjuguer au présent des verbes du 3e groupe et les verbes *être* et *avoir* (p. 61)

4 faites - pouvons - as - peux - sont

Conjuguer au futur (p. 61)

5 aurai - fera - prendra - crieront - pleurerai

Conjuguer les verbes à l'imparfait (p. 61)

6 mangeais - nourrissaient - étaient - commençait - avait

Conjuguer les verbes au passé composé (p. 62)

7 ai pu - avons joué - sont arrivées - ont répondu - a été

Orthographe

Écrire des sons avec le *c* et le *g* (p. 62)

1 a. une citadelle, un hameçon, un balançoire, une balancelle, nous balançons
b. une girouette, une mangeoire, un gyrophare, une orangeade, de la gelée

Écrire des sons avec des lettres particulières (p. 62)

2 a. une salamandre, un passage, des asticots, une assistance
b. un élève, les lèvres, une épaule, être

Savoir écrire la fin d'un mot (p. 62)

3 a. une abeille, un réveil, un orteil, une écaille, une merveille.
b. le haut, le bas, le début, l'arrêt, blanc.

XV

Corrigés

Différencier *on/ont* et *son/sont* (p. 62)

④ a. ont - On - on - ont - on
b. Son - sont - Son - sont - son

Différencier quelques homophones (p. 63)

⑤ a. à - a - et - est - et
b. où - ou - où - où - ou

Restituer et appliquer une règle d'orthographe (p. 63)

⑥ m – b – p – m
un pompier, un plombier, un boulanger, un chanteur, un dompteur, un inspecteur.

Écrire un groupe nominal au pluriel (p. 63)

⑦ les temps radieux - les chevaux heureux - les cordes cassées - les choux mangés - les cavaliers affolés

Écrire un groupe nominal au féminin (p. 63)

⑧ la coiffeuse habile - la bouchère douée - l'institutrice heureuse - la princesse amoureuse - la petite voisine

Vocabulaire

Classer des mots et les trouver dans un dictionnaire (p. 63)

① a. cahier - cartable - classe - craie - crayon
b. cadeau - cahier - calot - carré - cartable - castor - classe - club - craie - crapaud - cratère - crayon - cru

Utiliser un dictionnaire et trouver le sens d'un mot (p. 64)

② Pièce de vaisselle plus grande qu'une assiette - Fondue de fromage - Écrire avec un clavier - Passion amoureuse - Végétal vert qui pousse ras

Construire des mots de la même famille (p. 64)

③

famille du mot	avec un préfixe	avec un suffixe
fort	renfort	fortement
tour	détour	tourner
chausser	déchausser	chaussette
jour	bonjour	journal
certain	incertain	certainement

Employer des synonymes et des mots précis (p. 64)

④ fabrique - vole - prépare - plats - range

Exprimer le contraire (p. 64)

⑤ vite – ralentissent – emménage – content - déballer

Choisir entre plusieurs homonymes (p. 64)

⑥ a. père - paire
b. mère - maire - mer

Direction éditoriale : Odette Dénommée ; Coordination éditoriale : Anne-Sophie Cayrey, Anne-Sophie de Rochemonteix ; Édition : Mélanie Rombaut ; Correction : Solange Kornberg ; Création maquette : Zaoum ; Maquette intérieure : Christophe Savelli ; Couverture : Team Créatif, Kati Fleury ; Composition : LaserGraphie.

31 Orthographe

Lire et utiliser la lettre s

Je retiens

Donne du poison aux poissons, tu verras !

Moi, je préfère manger du dessert dans le désert...

- La lettre **s** se lit (s) ou (z) :

  Elle se lit (s) :
  – au début d'un mot : **s**erpent, **s**alade ;
  – quand elle est à côté d'une consonne : chan**s**on, a**s**ticot ;
  – quand elle est double : pa**ss**age, pui**ss**ant.

  Elle se lit (z) entre deux voyelles (a, e, i, o, u, y) :
  une ro**s**e
  une chai**s**e
  du poi**s**on

- Donc pour écrire (s), il faut :
  – écrire un seul **s** quand il y a une consonne à côté ;
  – écrire deux **s** entre deux voyelles.
  Le **s** peut aussi être muet : un talu**s**.

Je m'entraîne

1 Classe les mots suivants.
passer – soir – rusé – journées – rasoir – traverser – saucisse – cerise – saison

J'entends (z) : ....

J'entends (s) : ....

Le s est muet : ....

2 Ajoute s ou ss pour entendre (s) ou (z).

une mai........on – un ha........ard – un a........a........in – un maga........in – la vite........e – une bo........e – une ta........e – un oi........eau.

3 Écris s ou ss pour faire le son (s).

un di........que – une a........perge – une cai........e – un fri........on – une ....auci........e – un e........cargot – un ab........ent – une ca........erole – des ....al........ifis.

J'approfondis

4 Choisis s ou ss.

un va........e – une chai........e ba........e – il est ca........é – elle po........e – embra........er – un bai........er – une bro........e – la ....alade – une a........iette – une frai........e – un pan........ement – une vali........e.

5 Complète les phrases devinettes.
Le chameau vit dans le ....

Les .... ont des nageoires.

Mes crayons sont rangés dans ma ....

Maman cuit les nouilles dans la ....

Je promène mon chien, je le tiens en .....
....

6 Trouve trois mots pour chaque son de la lettre s.
J'entends (z) : ....

J'entends (s) : ....

Le s est muet : ....

Retrouve-nous sur **www.jecomprendstout.com**, d'autres tests t'attendent !

Infos parents

- La lettre **s** est particulière à lire d'une part, mais surtout les enfants ont tendance à écrire le son (z) avec un **z** et le son (s) avec un seul **s**.
- L'enjeu de cette leçon est donc de leur montrer que, le plus souvent, en français, le son (z) s'écrit avec la lettre **s**.

33

32 Orthographe

Lire et utiliser la lettre c

Je retiens

J'écris c ou ç ?

Ça dépend de la lettre qui suit …

- J'entends (k) devant **a**, **o**, **u**, **l** et **r** :
  un **c**al**c**ul, un **c**ol, la **c**lasse, le **c**ri.
- J'entends (s) devant **e**, **i** ou **y** :
  une **c**erise, un sour**c**il, un **c**ygne.
- Pour écrire (s) devant un **a** ou un **o**, il faut écrire un « c cédille » : **ç** :
  un gar**ç**on, je lan**ç**ais.
- Pour écrire (k) devant un **i** ou un **e**, il faut écrire **qu** :
  une **qu**ille, **qu**el.

Je m'entraîne

1 Colorie la lettre **c** en jaune si tu entends (s) et en rouge si tu entends (k).

une cacahuète – un asticot – une chose – une tronçonneuse – encercler – un chien – un ascenseur – cette – Cécile – Corinne – la culture – un glaçon – la glace

2 Complète avec un **c** ou un **ç**.

un hame……on – une ……édille –
un ……irque – mer……i – la gla……e –
un gar……onnet – je per……ais –
une per……euse

3 Écris le mot sous le dessin.

…………… …………… ……………

…………… …………… ……………

J'approfondis

4 Complète avec **c** ou **qu**.

un ……omique – une ……erelle –
une ……rêpe ……omplète – le su……re –
un ……lasseur – in……iet – un ……arrefour

5 Choisis entre **c**, **ç** ou **qu**.

du ……aramel
un ……as……adeur
un gar……on man……é
un abri……ot déli……ieux
……el……es ……itrons

6 Complète le texte avec **c**, **ç**.

Je lan……ais une lan……e et un javelot. Mon chien ……ourait derrière. Il avan……ait pour l'attraper. Mais, je lan……e loin, il ……ouinait quand je l'attrapais avant. Sur le chemin du retour, il m'a fait ……omprendre qu'il ne voulait plus son ……ollier, il commen……ait à me fatiguer !

Infos parents

Il est important que votre enfant comprenne comment on lit et écrit avec la lettre **c**. Cela lui servira aussi à conjuguer certains verbes, surtout les verbes comme *lancer* qui deviendront *je lançais* à l'imparfait.

33 Orthographe

Lire et utiliser la lettre *g*

Je retiens

J'écris g, gu ou ge ?

Regarde bien la lettre qui suit.

- La lettre **g** se lit (g) devant **a**, **o**, **u**, **l** et **r** :
un **g**ros **g**laçon, de la **g**lu, dé**g**uster, le **g**oût.
- La lettre **g** se lit (j) devant **e**, **i** et **y** : une **g**irafe, l'â**g**e.
- Pour écrire (j) devant un a ou un o, tu dois écrire **ge** :
une man**ge**oire, je na**ge**ais.
- Pour écrire (g) devant un e ou un i, tu dois écrire **gu** :
une ba**gu**e, une **gu**itare.
- Les lettres **gn** se lisent comme dans : la campa**gn**e.

Je m'entraîne

1 Entoure la ou les lettres qui font (g) et souligne la lettre qui suit.

une bagarre
une guirlande
un glouton
une ogresse
une blague
une dégustation

2 Surligne la ou les lettres qui font (j) et entoure la lettre qui suit.

un bougeoir
un gendarme
un pigeon
une nageoire
un géant
la gentillesse

3 Classe les mots.

gentil – un gorille – le goûter – un garçon –
une figue – le courage – un girafon –
une figure – la géométrie – la gymnastique

J'entends (g) : ....
....
....

J'entends (j) : ....
....
....

J'approfondis

4 Écris **g** ou **gu**.

une ....omme – un mar.........erite – une
ai.........ille – é.........al – un bla.........eur –
une fig.........ure – la ....erre

5 Écris **g** ou **ge**.

la pla.........e – un ballon diri.........able –
nous man.........ons – une ....ifle –
un ....ymnaste – un pi.........onnier

6 Réponds aux devinettes. Toutes les réponses ont au moins une lettre **g**.

Je la remplis d'eau et je m'y lave.

C'est une ....

Oiseau des jardins, j'ai la gorge rouge.

Je suis le ....

À Noël, on me met dans le sapin.

Je suis une ....

Elle fait rire quand elle est bonne.

C'est une ....

Maman y gare sa voiture.

C'est un ....

Grand singe noir, je ressemble à l'homme.

Je suis un ....

Infos parents

- La lettre **g** est la dernière lettre travaillée ici. Encore une fois, il faut aider votre enfant à prendre le temps de se relire et à faire bien attention aux sons qu'il a écrits.
- La lettre **g** est différente du **c** et du **s** puisqu'elle doit être accompagnée d'une autre lettre qui ne s'entend pas pour changer de son.

35

34 Orthographe

Choisir entre *-il* ou *-ille* à la fin d'un mot

Je retiens

Un travail sur une feuille ?

Ou un travail dans mon fauteuil...

Pour choisir entre **-il** ou **-ille**, il faut trouver le **genre** du mot.
- Les mots au **masculin** se terminent par **-il** :
  un fauteu**il**, un porta**il**.
- Les mots au **féminin** se terminent par **-ille** :
  une grenou**ille**, une boute**ille**.

▌Je m'entraîne

1 **Colorie en jaune les mots féminins, en bleu les mots masculins.**

une bouteille	un écureuil
une médaille	une paille
un travail	un portail

2 **Entoure les déterminant et colorie il ou ille à la fin du mot.**

un appareil photo – une merveille
cette oreille – un conseil
une vieille dame – le fenouil

3 **Ajoute le ou la devant chaque nom.**

…… pagaille – …… travail

…… bataille – …… soleil

…… réveil – …… coquille

4 **Écris les mots sous les illustrations.**

……………… ………………

……………… ………………

▌J'approfondis

5 **Complète par il ou ille.**

une fou…… – des nou……s

un éventa…… – de la pa……

une merve…… – un vitra……

6 **Ajoute un ou une et complète les mots.**

…… porta……

…… somme…… lourd

…… feu……

…… ra……

…… chevreu……

…… boute……

…… corbe……

…… éca……

7 **Complète le texte.**

Devant mon porta……, il y avait un chevreu…… . Il avait une ore…… plus grande que l'autre. Une feu…… d'arbre pendait à sa bouche et une méda…… à son cou. C'était une merve……, mais mon réve…… a sonné. Dommage, tout ceci se passait dans mon somm…… !

Infos parents

- Ce son s'écrit de plusieurs façons : **y, il, ill** ou **ille**. Votre enfant ne doit pas hésiter à utiliser le dictionnaire si besoin.
- Néanmoins, à la fin des mots, ce son est régulier. Il est donc possible de s'appuyer sur cette leçon pour déjà savoir écrire beaucoup de mots.

35 Orthographe

Différencier les accents sur la lettre *e*

Je retiens

Comment sais-tu s'il faut mettre « è » ou « ê » puisqu'ils font le même son ?

Ne t'inquiète pas, tu vas vite savoir les mots en « ê », il n'y en a pas beaucoup !

- L'accent sur la lettre « **e** » permet de savoir comment **il faut le prononcer**.
- Il existe trois accents :
  - **l'accent aigu : é**. Il permet de prononcer « é » comme dans :
    un bébé, un éléphant.
  - **l'accent grave : è**. Il permet de prononcer « è » comme dans :
    un père, une rivière.
  - **l'accent circonflexe : ê**. Il permet de prononcer « ê » comme dans :
    une tête, une fête.
- La lettre **e** n'a pas toujours besoin d'un accent :
  - il ne faut pas d'accent avant une double consonne :
    une maître**ss**e.
  - il ne faut pas d'accent quand la syllabe se termine par une consonne :
    un se**r**/pent, un e**s**/cargot.

Je m'entraîne

① Colorie en rouge l'accent aigu, en vert l'accent grave et en jaune l'accent circonflexe.
un élève – une fermière
la récréation – une vipère
la fête – une fenêtre

② Colorie si tu entends é comme dans éléphant.

une école	la première
j'ai pleuré	une arête
l'été	le vétérinaire
prévenir	du café

③ Entoure quand tu entends è comme dans père.
un étranger – les lèvres
pénible – la terre
une pièce – éplucher
le ménage – mon frère

④ Dans ton dictionnaire, trouve trois mots avec :

é : ....
è : ....
ê : ....

J'approfondis

⑤ Choisis entre é et è.

un tr........sor – une ....crevisse

ma m........re – une ....l........ve

une m........g........re – une ch........vre

⑥ Écris é ou ê.

un ch........ne – une m........nagerie

une ....curie – une fen........tre

une b........te – un n........nuphar

une f........te – un g........ant

⑦ Complète avec é, è ou ê.

La boulang........re a rang........ ses brioches

derri........re l'........talage. Elle a gard........

les plus ....normes pour l'........pici........re.

En ....change, elle aura du caf........, des

l........gumes et des p........ches que son

fr........re a command........ pour pr........parer

sa f........te.

Infos parents

- Les enfants souvent confondent, oublient ou écrivent mal les accents. Il est important qu'ils se relisent, car, sans le bon accent, le mot n'a plus de sens.
- De plus, les accents peuvent nous permettre de différencier des mots comme : **a/à, ou/où**…

36 Orthographe

Choisir entre *on* et *ont*

Je retiens

Si j'ai bien compris, tu essaies de remplacer dans ta tête « on » par…

- **On** et **ont** ne sont pas les mêmes mots.
  On peut être remplacé par **il**. C'est un **pronom personnel**.
  On fait du jardinage. → **Il** fait du jardinage.
- **Ont** peut être remplacé par **avaient**.
  C'est le **verbe avoir** au présent à la 3ᵉ personne du pluriel.
  Ils ont un jardin. → **Ils** avaient un jardin.

« il » ou par « avaient », comme ça tu ne peux plus te tromper !

Je m'entraîne

1 **Remplace on par il et recopie la phrase.**

On est allé jardiner.

....

On a planté des pommes de terre.

....

Mais on s'est beaucoup sali.

....

2 **Écris avaient à la place de ont et recopie la phrase.**

Ils ont planté des carottes.

....

Elles n'ont pas poussé.

....

Ils ont planté des radis qui ont poussé !

....

3 **Relie quand tu peux remplacer par il ou avaient.**

On a bien dormi ! •
Ils ont trop dormi ! •
Hier, on dansait. •   • il
Les garçons ont joué. •   • avaient
A-t-on le droit de rire ? •
Ont-ils bien rangé ? •

J'approfondis

4 **Complète les phrases par on ou ont.**

Dans la nuit, ... s'est réveillé.

Les bruits m'............... réveillé tôt.

.... entendait toutes sortes de bêtes.

Elles .... bougé longtemps.

5 **Écris on ou ont.**

.... me dit que les chiens .... un bon odorat.

.... pense qu'ils .... des milliers d'odeurs en mémoire.

C'est pour ça qu'......... les voit tout sentir.

Ils .... toujours le nez au sol.

6 **Écris deux phrases avec ont et deux avec on.**

....

....

....

....

Infos parents

- Différencier **on** et **ont** revient à faire un exercice de manipulation du type changer le temps de la phrase.
- Le remplacement d'un mot par un autre est une gymnastique mentale dont tout le monde peut avoir besoin quand on écrit en français !

37 Orthographe

Choisir entre *son* et *sont*

Je retiens

Son chien est tout mignon.

Ils **sont** mignons, il en a deux !

- **son** et **sont** ne sont pas des mots de même nature :
  – **Son** est un **déterminant**, c'est un adjectif possessif. Il peut être remplacé par **mon**.
  Son chien noir. → **Mon** chien noir.
  – **Sont** est la forme du **verbe être** à la 3ᵉ personne du pluriel au présent. Il peut être remplacé par **étaient**.
  Les chiens **sont** obéissants. → Les chiens **étaient** obéissants.

Je m'entraîne

1) Remplace son par mon.
Son père a trouvé ce chien.
....
Son collier n'avait pas de nom.
....
Depuis, c'est son chien.
....

2) Écris étaient à la place de sont.
Les enfants sont intrépides.
....
Ils sont joueurs comme sont les tigrons.
....
Ouf, ils sont aussi dormeurs !
....

3) Relie quand tu peux remplacer par mon ou étaient.

Ils sont drôles. •
Son chien est gentil. •
Son chat est vieux. •   • mon
Les chiens sont bagarreurs. • • étaient
Est-ce que son frère est là ? •
Mes frères sont-ils là ? •

J'approfondis

4) Écris son ou sont.
Les filles .... rousses.
Elles .... jolies !
.... œil gauche les contemple.
.... œil droit les admire.
.... maître, lui, ne voit rien.
Les chiens .... plus observateurs !

5) Choisis entre sont et son.
Sa mère et .... père .... partis en vacances. Ils .... allés dans .... pays préféré, ... pays natal : la planète Euradia. Ils .... revenus hier. .... père lui a rapporté .... gâteau adoré : le glouchminach.

6) Invente deux phrases avec son et deux phrases avec sont.
....
....
....
....

Retrouve-nous sur **www.jecomprendstout.com**, d'autres tests t'attendent !

Infos parents
- Cette leçon a le même enjeu que la précédente. Votre enfant a besoin d'apprendre à manipuler les mots et les phrases.
- Ces petits mots, appelés homonymes grammaticaux, sont nombreux : **ces/c'est**, **leur/leurs**, **la/là**. Ils seront vus tout au long du cycle 3.

38 Orthographe

Choisir entre *et* et *est*

Je retiens

« Est », c'est un verbe…

- Il ne faut pas confondre **et** et **est** :
  - **Et**, c'est une **conjonction de coordination**.
    Ce petit mot peut être remplacé par **et puis** ou **et aussi**.
    Mon père **et** moi. → Mon père **et aussi** moi.
  - **Est**, c'est le **verbe être** au présent, à la 3ᵉ personne du singulier au présent. Il peut être remplacé par **était**.
    Mon père **est** grand. → Mon père **était** grand.

« Et », je ne sais pas, mais si on connaît l'autre, on ne peut plus se tromper !

Je m'entraîne

1) Remplace est par était.

Il est minuit. La nuit est claire.

……………………………………………………

Une étoile est plus lumineuse.

……………………………………………………

Ce n'est pas une étoile, c'est Vénus.

……………………………………………………

2) Ajoute puis ou aussi après et.

Une étoile et une planète brillent.

……………………………………………………

Mon frère et moi les regardons,

……………………………………………………

tous les soirs, et même les nuits.

……………………………………………………

3) Souligne le verbe être.

Ma sœur est grande et blonde.

Elle est agaçante et fatigante.

Mais elle est drôle et elle me fait rire.

J'approfondis

4) Écris ces phrases au singulier.

Les extraterrestres sont là.

……………………………………………………

Ils sont dangereux et méchants.

……………………………………………………

Papa et maman sont affolés.

……………………………………………………

Ils sont assis, ils ne bougent plus.

……………………………………………………

5) Écris et ou est.

La planète Euradia ………… loin de la Terre. C'………… une planète magnifique ………… terrifiante. L'air ………… chaud ………… sec, ………… il ………… difficile d'y rester ………… d'y vivre.

6) Barre celui qui ne convient pas.

David *et* – *est* Mathilde sont dans l'aéronef. Ils atterrissent *et* – *est* se dirigent vers une maison *et* – *est* vers les hommes. Il *et* – *est* probable qu'ils affolent *et* – *est* apeurent les grands *et* – *est* les petits !

Infos parents

Cette leçon et la précédente concernent le verbe être. N'hésitez pas à aider votre enfant en vous reportant à la leçon du présent du verbe être. Cela fera alors deux sortes d'exercices pour assimiler ces questions d'orthographe.

39 Orthographe

Choisir entre *a* et *à*

Je retiens

J'écris *a* ou *à* ?

à, le verbe *avoir*, ou *à*, la préposition ?

- Pour ne pas confondre *a* et *à*, il faut comprendre que :
  - **a** est le **verbe avoir** au présent à la 3ᵉ personne du singulier.
    Il peut être remplacé par **avait** :
    Il **a** faim. → Il **avait** faim.
  - **à** est une **préposition**. Attention, *à* a un accent grave.
    Il peut être remplacé par une autre préposition : *dans, vers, pour*.
    Regarde **à** l'ouest. → Regarde **vers** l'ouest.

Je m'entraîne

1) Remplace a par avait.

Hier, Léon a mangé une tarte.

....

C'est sa maman qui l'a faite.

....

Il en a encore le goût dans la bouche.

....

2) Fais la même chose. Attention, ce n'est pas toujours possible.

Céline a dévoré une crêpe à la confiture.

....

À l'école, elle en a déjà mangé.

....

Parfois, elle a de la chance !

....

3) Remplace à par un autre petit mot : vers, sur, dans…

Je vais à Paris.

....

Il y a des coquillages à la plage.

....

Il y a des jeux à l'école.

....

J'approfondis

4) Écris ces phrases au présent.

Myriam avait un goûter.

....

Jérémy avait des bonbons.

....

Il n'avait pas envie de partager.

....

5) Recopie ces phrases au singulier.

Les pommes ont des pépins.

....

Les fraises ont une queue verte.

....

Les abricots ont un noyau.

....

Et est-ce que les bananes ont des noyaux ?

....

6) Complète par a ou à.

Il y .... un plat qui mijote .... la cuisine. Il .... une odeur de sucre. On dirait un dessert .... la cassonade. Peut-être que maman .... mis des pruneaux .... la cannelle ?

Infos parents

Le *a* et le *à* sont deux mots très employés dans la langue française.
Il est important pour votre enfant de bien les connaître afin de pouvoir le distinguer.

41

40 Orthographe

Choisir entre *ou* et *où*

Je retiens

Où vas-tu ?

À la bibliothèque… ou au stade.

- **Ou** est une **conjonction de coordination**. Il peut être remplacé par **ou bien**. Il indique un choix.
  Pomme **ou** poire ? → Pomme **ou bien** poire ?
- **Où** est un **adverbe**. Il s'emploie dans le contexte d'un lieu, d'un endroit.
  Où vas-tu ? → **Dans quel lieu** vas-tu ?
  Il faut donc s'exercer à les remplacer pour savoir choisir entre « ou » et « où ».

Je m'entraîne

1 **Remplace ou par ou bien.**

Fromage ou dessert ?

....

Noir ou blanc ?

....

Confiture ou chocolat ?

....

2 **Recopie en changeant ou par ou bien quand c'est possible.**

Où es-tu ? Dans la cuisine ou dans la salle de bains ?

....

Je suis où bon me semble !

....

Veux-tu que je vienne ou tu me rejoins ?

....

Ou je me lave, ou je m'endors !

....

3 **Choisis entre ou et où.**

.... est mon frère ?

Il est dans le jardin .... dans la maison.

Je sais .... le trouver.

Il faut regarder .... est la lumière.

J'approfondis

4 **Invente une réponse à chaque question.**

Où es-tu ?

....

Sais-tu où est mon pull ?

....

Où sont tes chaussures sales ?

....

5 **Complète le texte avec ou et où.**

Je suis revenue d'............ j'étais partie.

J'ai marché .... couru. Sur la plage

.... il y a des galets, j'ai marché.

Là .... j'ai trouvé du sable, j'ai couru.

Et toi, ... es-tu allé ? Sur le sable

.... sur les galets ?

6 **Barre celui qui ne convient pas.**

Mon chien *ou-où* mon chat ont fait des bêtises. Ils ont abîmé *ou-où* même cassé les tablettes *ou-où* il y avait des jeux. Et *ou-où* sont-ils maintenant ? Ils ne peuvent être que dans la cuisine *ou-où* le salon.

Infos parents

La nouveauté, ici, c'est que « ou » et « où » sont deux mots invariables : ils ne changent jamais.
Votre enfant doit donc s'appuyer sur le sens : d'un côté « ou » qui signifie « ou bien », et de l'autre « où » qui indique une notion de lieu.

Orthographe

Écrire *m* devant *m*, *b*, *p*

Je retiens

Moi, ce sont les bonbons que je préfère !

- Devant les lettres m, b et p il faut mettre un **m** à la place du n :
  an devient **am** : une **amb**ulance
  en devient **em** : **emp**orter
  on devient **om** : une **omb**re
  in devient **im** : **imp**ortant

  Sauf : un bonbon, une bonbonnière, embonpoint, néanmoins.

Eh bien ça, ça tombe bien !

Je m'entraîne

1 Surligne les sons **an**, **on** et **in**.
une dent – un enfant
un emplacement – tomber
un lapin – impossible

2 Colorie la lettre qui est juste après le **m**.
impatient – les pompiers
un tambour – la température
un timbre – emmener

3 Écris le mot sous le dessin.

....

....

J'approfondis

4 Ajoute **m** ou **n** et entoure la lettre qui t'a fait choisir.

e....suite – mo....tre

i....mense – ve....dredi

une o....brelle – le de....tiste

si....ple – la co....pote

5 Trouve les contraires des mots en ajoutant **in** ou **im**.

pair – ....   connu – ....

mobile – ....   juste – ....

battable – ....   possible – ....

buvable – ....   attendu – ....

6 Devinettes.
Je répare les fuites d'eau.

Je suis un ....

Je suis un légume long, tout vert. On me mange surtout l'été en entrée.

Je suis un ....

Je suis une saison douce que les fleurs adorent.

Je suis le ....

Retrouve-nous sur **www.jecomprendstout.com**, d'autres tests t'attendent !

Infos parents

Il peut être intéressant de s'appuyer sur cette règle régulière et dont les exceptions sont faciles, pour montrer à votre enfant comment apprendre par cœur une règle, et comment l'utiliser quand il passe à l'écrit.

42 Orthographe

Écrire le pluriel des noms et des adjectifs (1)

Je retiens

Veux-tu une crêpe ?

Je préfèrerais deux crêpes !

- Les adjectifs et les noms, pour la plupart, s'écrivent avec un **s** au pluriel !
  un ordinateur – des ordinateur**s**.
- Quand un mot (nom ou adjectif) se termine par un **s,** un **x** ou un **z** au singulier, il ne change pas au pluriel :
  une souris – des souris.

Je m'entraîne

1) Entoure les groupes nominaux au pluriel.

un petit chat – des oies criardes – une souris grise – mes jolies petites poulettes – une vache laitière – les jeunes chatons – un gros tracteur

2) Relie le singulier et le pluriel. Colorie tout ce qui a changé.

mon canard • • leurs fermes
une poule • • mes canards
leur ferme • • des poules
ce fermier • • les granges
la grange • • ces fermiers

3) Classe les mots suivant leur pluriel.

le riz – un chat – minuscule – un œuf – une brebis – une perdrix – gras – une écurie – gros – une barrière – une souris – une charrue

s'écrit avec un « s » au pluriel	ne change pas au pluriel
....	....
....	....
....	....
....	....
....	....
....	....

J'approfondis

4) Écris au singulier.

ces moutons blancs

....

des cochons roses

....

mes chèvres brunes

....

5) Écris au pluriel.

un chien méchant – une jeune fermière

....

un bœuf énorme – un lapin gris

....

un grand hangar – une belle jument

....

6) Complète ce texte en ajoutant des s si besoin.

Un jour...., cet été, je suis allé dans une grande.... ferme..... . Il y avait des énorme.... oie.... grise..... . C'étaient des belle.... bête..... . Mais elles avaient une voix atroce.... et criarde.... . En plus, elles pinçaient avec leur gros.... bec..... .

Infos parents

Le pluriel est travaillé en deux leçons. Cette première leçon, sur les pluriels réguliers, a surtout pour objectif d'apprendre à marquer le pluriel et de ne pas l'oublier car il ne s'entend pas.

13 Orthographe

Écrire le pluriel des noms et des adjectifs (2)

Je retiens

J'espérais qu'il n'y aurait pas d'exception pour les pluriels !

Tous les mots au pluriel ne s'écrivent pas avec un **s**.
- Les mots qui se terminent par **-al** au singulier s'écrivent **-aux** au pluriel :
  un anim**al** – des anim**aux** (sauf : carnavals, bals, …).
- Les mots qui ont leur singulier en **-au** ou **-eau** s'écrivent avec un **x** au pluriel :
  un v**eau** – des v**eaux** (sauf : landaus, …).
- Les mots qui se terminent par **-ou** au singulier s'écrivent avec un **s** au pluriel :
  un tr**ou** – des tr**ous**.
- Mais attention : chou, hibou, pou, caillou, genou, bijou, joujou s'écrivent avec un **x** au pluriel.
- Les mots qui se terminent par **-eu** au singulier s'écrivent avec un **x** au pluriel :
  un l**ieu** – des l**ieux** (sauf pneus, bleus, …).

Trop simple, c'est plus drôle avec des mots taquins…

Je m'entraîne

① Relie les groupes nominaux singulier et pluriel

un château • • les bijoux
le bijou • • ces feux
ce feu • • des châteaux
mon jeu • • tes chameaux
ton chameau • • mes jeux

② Écris singulier (S) ou pluriel (P).
trois agneaux (….) – un drapeau (….)
dix chevreaux (….) – des chevaux (….)
un chou (….) – des drapeaux (….)

③ Classe les mots suivant l'orthographe de leur pluriel.
un chapeau – doux – un sou – un caillou – un pneu – un carnaval – un bureau – joyeux – un neveu – mauvais

avec un « s » au pluriel	avec un « x » au pluriel	ne change pas au pluriel
…………………	…………………	…………………
…………………	…………………	…………………
…………………	…………………	…………………
…………………	…………………	…………………

J'approfondis

④ Écris au singulier.
mes chevaux – des bocaux

…………………………………………………………

ces chapeaux – les morceaux

…………………………………………………………

des métaux – des corbeaux

…………………………………………………………

⑤ Recopie au pluriel.
un caillou – un sou – un genou

…………………………………………………………

un pou – un neveu – un gâteau

…………………………………………………………

un pneu – un seau – un beau ballon

…………………………………………………………

⑥ Transforme les groupes nominaux au pluriel.
un gros rideau – un bureau bleu

…………………………………………………………

un tableau noir – un vieux bateau

…………………………………………………………

Infos parents
- Ces pluriels particuliers sont parfois longs à acquérir, ce qui est tout à fait normal.
- Il faut que l'enfant enclenche une gymnastique mentale rigoureuse pour « trier les mots ». Pas d'inquiétude, cela se mettra en place, doucement.

44 Orthographe
Écrire le féminin des noms et des adjectifs (1)

Je retiens

Au fait, fille, ce n'est pas garçon avec un « e » !

Non, mais on peut dire d'une fille qu'elle est une garçonne !

- Dans le groupe nominal, la façon la plus fréquente de marquer le **féminin** est d'ajouter un **e** :
  un petit apprenti – une petit**e** apprenti**e**.
- Seuls les noms de personne ou d'animal ont un masculin et un féminin :
  un boucher – une bouchère.
- Quelquefois la consonne est doublée :
  un lio**n** – une lio**nne**.
- Quand le mot se termine par un **e** au masculin, il ne change pas au féminin :
  un dentiste efficace – une dentiste efficace.

▌Je m'entraîne

1) Relie les groupes nominaux féminin et masculin.

un ami gentil • • une chatte câline
un lion féroce • • une enfant élégante
un chat câlin • • une amie gentille
un élève brillant • • une lionne féroce
un enfant élégant • • une élève brillante

2) Colorie ce qui change.

masculin	féminin
un fiancé souriant	une fiancée souriante
un gagnant enragé	une gagnante enragée
un jeune candidat	une jeune candidate
un géant diabolique	une géante diabolique
un musicien exceptionnel	une musicienne exceptionnelle

3) Barre l'intrus dans chaque ligne.

a. ourse – lionne – chien – chatte
b. équipier – évadée – couturier – indien
c. musicienne – ami – ennemie – invitée
d. bon – délicieux – savoureux – succulente
e. endormie – fatigué – réveillée – reposée
f. chanteur – danseur – comédienne – régisseur

▌J'approfondis

4) Écris au féminin les groupes nominaux.

un ami attentionné

....

mon charmant invité

....

un mauvais perdant

....

un marquis connu

....

5) Transforme tout le texte au féminin.

Un apprenti doué est dans la cuisine. L'invité gourmand arrive dans la salle. C'est un marchand de légumes. Il voudrait rencontrer l'apprenti. À côté, le client est mécontent. L'apprenti a quitté sa cuisine !

....
....
....
....

Infos parents
- Tout comme le pluriel, cette première leçon aborde l'accord régulier du féminin.
- Cette leçon permettra à votre enfant d'assimiler les réactions en chaîne (sur le nom et l'adjectif) que provoque le passage au féminin.

45 Orthographe
Écrire le féminin des noms et des adjectifs (2)

Je retiens

Encore une fois des exceptions...

- Il existe des mots qui changent vraiment quand on les écrit au féminin.
  - Les mots en en **-eux** deviennent **-euse** :
    heur**eux** – heur**euse**.
  - Les mots eu **-eur** deviennent **-euse** ou **-rice** :
    un coiff**eur** – une coiff**euse**, un direct**eur** – une direct**rice**.
  - Les mots en **-if** deviennent **-ive** :
    invent**if** – invent**ive**.
  - Les mots en **-e** deviennent **-esse** :
    un maît**re** – une maît**resse**.
- D'autres mots, surtout les noms d'animaux, changent complètement au féminin :
  une chèvre – un bouc.

Oui, mais là au moins le féminin on l'entend, on n'oublie pas le « e » !

Je m'entraîne

1) Écris ces noms au masculin
une institutrice – une cuisinière

....

une chanteuse – une princesse

....

une monitrice – une dompteuse

....

2) Colorie ce qui a changé.

masculin	féminin
un boulanger	une boulangère
un roi	une reine
un frère	une sœur
un dessinateur	une dessinatrice
un voleur	une voleuse

3) Écris un ou une. Parfois, les deux sont possibles.

.... commerçante

.... fleuriste

.... pâtissier

.... dentiste

.... ennemie

J'approfondis

4) Écris G quand c'est un garçon qui parle, F quand c'est une fille.

Je suis heureuse. ....

Je suis doux. ....

Je suis gentille. ....

Je suis moniteur. ....

5) Transforme au féminin.

ton fidèle admirateur

....

le malheureux prince

....

un fameux présentateur

....

un ouvrier génial

....

6) Accorde les noms et adjectifs si nécessaire.

Cette agricult........ est enchanté........ de sa débutant......... . Elle est motivé........ et passionné........ . Elle est efficace........ et heureu........ de venir le matin.

Infos parents
- Certains féminins sont un peu difficiles à acquérir, car ils n'obéissent pas à des règles précises : *coiffeur - coiffeuse* ; *directeur - directrice*.
- N'hésitez pas à proposer l'aide du dictionnaire à votre enfant.

46 Orthographe

Identifier la lettre finale d'un mot

Je retiens

Exact, comme « doigt » !

Il y a même des mots qui ont deux lettres muettes.

- Certains mots se terminent par une lettre qu'on n'entend pas : **une lettre muette**.
- Cette lettre peut être un **t**, un **d**, un **x**, un **s**...
- Pour trouver la lettre finale d'un mot, il faut s'aider soit du féminin, soit des mots de la même famille :
  petit – petite ; lit – literie.

Je m'entraîne

1 Surligne la lettre muette.
une dent – un éclat – un regard
un refus – éteint – fameux

2 Colorie les mots qui vont ensemble et ajoute la lettre muette.

un pay........   sauter
un sau........   réciter
cen........   boiserie
boi........   paysage
réci........   centaine

3 Écris le féminin des mots à droite. Puis ajoute la lettre muette au mot.

pla........ – ....
profon........ – ....
chau........ – ....
froi........ – ....
couver........ – ....
succulen........ – ....
gri........ – ....
blan........ – ....

J'approfondis

4 Écris les groupes nominaux au masculin.

une habitante charmante

....

une grosse gourmande

....

5 Trouve un mot de la même famille. Ajoute la lettre muette.

le toi.... – ....
le trico.... – ....
le galo.... – ....
le tapi.... – ....
le confor.... – ....
le vagabon.... – ....

6 Complète avec les bonnes lettres muettes.

le gran...... blon...... – un pla...... chau.... –
un éléphan...... for...... – un len......
rebon...... – un lon...... retar...... –
un frui...... cui...... – un repo.... parfai.... –
un bor...... étroi...... – un débu......
laborieu...... – un candida...... admi......

Infos parents

- La difficulté n'est pas de trouver la lettre muette quand votre enfant peut trouver facilement le féminin (*petit – petite*). Elle se situe plutôt dans la recherche du mot de la même famille (*lit – literie*).
- Mais c'est une bonne façon d'enrichir son vocabulaire. Encore une fois, le dictionnaire peut aider.

Vocabulaire

Classer des mots dans l'ordre alphabétique

Je retiens

f...g..., alors fille c'est avant garçon !

Pour une fois...

- Pour ranger les mots, on utilise l'ordre alphabétique, c'est-à-dire l'ordre des lettres dans l'alphabet :
  a b c d e f g h i j k l m n o p q r s t u v w x y z
- Pour les ranger, il faut regarder la première lettre :
  ananas – **b**anane – **f**raise – **m**elon.
- Quand des mots ont la même première lettre, il faut regarder la deuxième lettre :
  a**b**ricot – a**n**anas – a**r**tichaut,
  puis la troisième lettre :
  an**g**lais – an**i**mal – an**n**ée – an**t**ipuce,
  regarder la quatrième et ainsi de suite :
  art**ic**haut – art**is**an – art**is**te.

Je m'entraîne

1 Écris la lettre qui est juste avant et juste après.

.... f ...., ... v ....,

.... q ...., ... s ....,

.... n ...., ... b ....,

.... i ...., ... k ....,

.... d ...., ... t ....,

.... g ...., ... c ....

2 Range ces lettres dans l'ordre alphabétique.

c – g – j – k – d – e : ....

w – h – i – r – p – m : ....

n – b – v – c – x – q : ....

o – q – t – z – w – d : ....

3 Colorie le mot qui sera rangé le premier dans l'ordre alphabétique.
- betterave – ananas – concombre
- carotte – tomate – salade
- kiwi – poire – laitue
- poireau – poire – prune

J'approfondis

4 Entoure les listes classées dans l'ordre alphabétique.
- ananas – céleri – carotte – pomme de terre – table
- couteau – cuillère – fourchette – serviette – verre
- moutarde – gruyère – parmesan – sel – poivre
- café – eau – limonade – thé – tisane – vin

5 Classe les mots dans l'ordre alphabétique.

pêche – abricot – mangue – papaye – cassis

....

betterave – balance – bouillir – bouillant

....

cassoulet – casserole – casse – casser

....

infuser – infusion – infinitif – infirmière

....

6 Dans ton dictionnaire, trouve le mot rangé juste avant et celui rangé juste après

.................-épinard-.................

.................-soupe -.................

Infos parents

- Classer des mots dans l'ordre alphabétique est simple quand les premières lettres sont différentes.
- En revanche, quand il faut aller plus loin dans les mots, il faut être rigoureux. De plus, *poire* sera avant *poireau*, puisque *poireau* comporte des lettres supplémentaires.

49

48 Vocabulaire

Rechercher un mot dans le dictionnaire

Je retiens

Si le mot commence par a, b, c, d, on cherche au début du dictionnaire.

- Pour trouver rapidement un mot dans le dictionnaire, on utilise les **mots repères** situés en haut des pages :

Et s'il commence par w, x, y, z, on cherche à la fin.

| Premier mot de la page | | | Dernier mot de la page |

- Si le mot est classé avant, il faut chercher dans les pages d'avant, si le mot est classé après, il faut chercher dans les pages d'après.
- Si le mot recherché est entre les deux **mots repères**, il se situe sur cette page.

> Attention, les verbes sont toujours écrits à l'infinitif.

Je m'entraîne

1 Colorie en jaune les mots qui seront plutôt au début du dictionnaire et en rouge ceux qui seront à la fin.

cartable – ardoise – tableau – table – ustensile – taille-crayon – crayon – tube – colle

2 Tu as ouvert ton dictionnaire à la lettre F. Coche avant si le mot donné est avant, après s'il est après, et F si il est à la lettre F.

	avant	F	après
stylo			
pochette			
feutre			
famille			
cartouche			
trousse			
classeur			

3 Barre le mot qui ne peut pas être entre les deux mots repères en gras.

- **général** – goûter – garage – **grande**
- **potager** – porter – poupée – **pousser**
- **tard** – thé – taverne – tarif – **teinture**
- **debout** – décevant – déçu – **décider**

J'approfondis

4 Tard et Teinture sont les deux mots repères. Indique par une croix où tu trouveras le mot recherché. Souligne la lettre qui t'a aidé(e) à dire si c'est avant ou après.

	avant	sur cette page	après
tarte			
tartre			
tomate			
tante			
tente			
taureau			
talent			

5 Cherche chaque mot dans ton dictionnaire. Écris le numéro de la page où tu l'as trouvé, ainsi que le mot qui suit.

mot	page	mot qui suit
école		
copain		
récréation		
bille		
corde		
ballon		
marelle		

Infos parents

- Choisir un dictionnaire pour son enfant n'est pas facile, il y en a beaucoup. Le conseil que nous pouvons vous donner serait de choisir un dictionnaire qui corresponde au niveau de votre enfant.
- Les dictionnaires de débutants (CP-CE1) comportent trop peu de mots. Il faudra de toute façon en changer au fur et à mesure de la scolarité. De plus, vous verrez qu'il en existe de plus attrayants que d'autres !

19 Vocabulaire

Lire un article de dictionnaire

Je retiens

C'est vraiment utile un dictionnaire.

Oui, j'aime bien en avoir un à côté de moi quand je travaille.

- Un dictionnaire offre plusieurs informations sur les mots.
  Il permet de connaître :
  – son **orthographe**, c'est-à-dire comment le mot s'écrit ;
  – la **définition** du mot, c'est-à-dire le sens du mot ;
  – sa **nature** : si c'est un verbe, un nom commun, un adjectif qualificatif…
  Cette information est écrite en **abréviation** (n.f. = nom féminin).
- Il indique aussi le **pluriel** ou le **féminin** du mot si celui-ci est particulier.
- Quand un mot a plusieurs sens, il y a plusieurs définitions.
  Il faut alors choisir en fonction **du contexte du mot**.
  Plume a deux significations : la plume de l'oiseau ou la plume du stylo.

Je m'entraîne

1 Regarde la table des abréviations de ton dictionnaire et écris à quoi elles correspondent.

n.m. : ....

v. : ....

adj. : ....

n.f. : ....

pl. : ....

2 Relie chaque mot à sa nature. Utilise ton dictionnaire.

grand •
manger •
éléphant •   • nom masculin
souris •   • nom féminin
dévorer •   • verbe
énorme •   • adjectif qualificatif

3 Relie chaque mot à sa définition.

Foire •   • Puissant physiquement.
Fou •   • Qui a perdu la raison.
Fort •   • Grand marché.
Fortune •   • Creuser pour chercher.
Forêt •   • Biens, richesse.
Fouiller •   • Grande étendue d'arbres.

J'approfondis

4 Indique si ces mots sont masculins ou féminins. Aide-toi de ton dictionnaire.

pétale : .... – volt : ....

tzigane : .... – tulle : ....

5 Recherche dans le dictionnaire et écris la définition des mots.

braire : ....

papaye : ....

limpide : ....

6 Lis cet article de dictionnaire et réponds aux questions.

> **Lame** : n.f ; partie coupante d'un couteau ; petit morceau d'acier très coupant : *la lame du rasoir* ; vague forte du fond des mers : *une lame de fond*.

Quelle est la nature et le genre de ce mot ?

....

Combien a-t-il de sens différents ?

....

À quoi servent les mots en italique ?
❏ ils donnent des exemples
❏ ils donnent d'autres sens
❏ ils expliquent le mot

Infos parents

- Cette leçon permet de montrer à votre enfant combien le dictionnaire est un outil complet, non seulement pour l'orthographe, mais aussi pour enrichir son vocabulaire (synonymes, contraires), connaître l'étymologie…
- Au quotidien, n'hésitez pas à lui proposer de chercher lui-même dans le dictionnaire quand il a une question, mais également à lui montrer que vous aussi, vous l'utilisez régulièrement.

50 Vocabulaire

Connaître les familles de mots

Je retiens

Ah, fils, fille, fillette, ça fait une jolie famille.

- Des mots sont de la même **famille** quand ils ont le même radical, et ont un sens commun :
  lent – **lent**e – **lent**ement – ra**lent**ir : le **radical** est lent.
- Repérer des familles est très utile :
  – pour orthographier, c'est-à-dire écrire correctement les mots ;
  – pour comprendre le mot.

Tu as oublié fifille à son papa !

Je m'entraîne

1 **Colorie de la même couleur les mots de la même famille.**

doux	collectionner	parapluie
dur	douceur	éventail
collection	venteux	durcir
pluie	durement	adoucir
vent	pluvieux	collectionneur

2 **Trie les mots en familles. Entoure le radical.**

fleur – mensonge – droit – fleuriste – menteur – malpoli – mentir – droitier – adroitement – tournevis – vis – poliment – fleurir – visser

1. ....
2. ....
3. ....
4. ....
5. ....

3 **Barre le mot intrus. Surligne le radical.**

- soleil – solaire – ensoleillé – scolaire – parasol
- déteindre – teinture – teinte – peinture – teindre
- terrien – déterrer – extraterrestre – terrible – atterrir

J'approfondis

4 **Fabrique une famille de mots.**

Ma voiture ne marche pas,

elle est en ....

Je vais appeler un ....

Il viendra avec sa ....

Mais un .... est cher !

5 **Trouve trois mots de la même famille.**

neige : ....

aliment : ....

baigner : ....

6 **Trouve le plus de mots possible de la famille de :**

- bord : ....
....
....
....
....

- jour : ....
....
....
....
....

Infos parents

Les familles de mots sont d'une grande aide, autant pour l'orthographe que pour le sens. Elles permettent aussi d'enrichir son vocabulaire et de jouer avec les mots.

52

Vocabulaire

Repérer les préfixes et les suffixes

Je retiens

- Le **préfixe** ou le **suffixe** est un groupe de lettres que l'on ajoute au radical du mot. Il permet d'en changer le sens ou la nature.
- Un préfixe se place **devant** le radical : porter – **em**porter – **ap**porter.
  Un suffixe se place **derrière** le radical : porter – port**able** – port**eur**.
  Ils ont chacun un sens différent :
  re- : **re**faire, **re**voir : faire, voir à nouveau.
  anti : **anti**puce, **anti**poux : contre les puces, les poux.
  in, **im**, **ir**, **mal** : **mal**poli, **im**patient : exprime le contraire.

On devrait pouvoir inventer d'autres mots avec les préfixes et les suffixes.

Antitravail, antifille, antitout, mais ceux-là n'existent pas !

Je m'entraîne

1) Colorie en jaune les préfixes, en rouge les suffixes. Souligne le radical.
- coiffure – coiffeur – décoiffé
- bord – déborder – border
- mur – murer – emmurer
- patient – impatient – patience

2) Découpe les mots pour faire apparaître le préfixe et le radical.
instable : in + stable

insensible : ....

malhabile : ....

illimité : ....

déboucher : ....

3) Colorie de la même couleur les deux verbes qui expriment le contraire.

former	décrocher
accrocher	décoller
coller	débrancher
armer	désarmer
brancher	déformer
plier	déplier

J'approfondis

4) Change le suffixe pour obtenir un verbe.
chanson → chanter

patiente → ....

gagnant → ....

perte → ....

jouet → ....

5) Ajoute un préfixe pour dire le contraire.

heureux / ....

faire / ....

prudent / ....

réel / ....

6) Ajoute un préfixe et un suffixe au radical.

neige → ....

lire → ....

égal → ....

tache → ....

Retrouve-nous sur **www.jecomprendstout.com**, d'autres tests t'attendent !

Infos parents

L'enjeu de cette leçon est que votre enfant se rende compte qu'il existe une certaine régularité dans la formation des mots. Le français a la particularité de permettre la construction de mots facilement, en jouant avec les préfixes et les suffixes.

52 Vocabulaire

Comprendre un mot dans ses différents sens

Je retiens

J'adorerais voler !

- Un mot peut avoir différents sens. C'est le texte ou les autres mots de la phrase qui permettent de comprendre le sens du mot.
J'ai écrit mon nom sur une **feuille**. *(feuille de papier)*
Les **feuilles** tombent en automne. *(feuille d'arbre)*

Voler comme un oiseau ou voler mes gâteaux ?

Pour s'aider, il ne faut pas oublier le dictionnaire !

▪ Je m'entraîne

1 **Entoure les mots qui peuvent avoir plusieurs sens.**

glace – stylo – cartable – lettre

2 **Écris 1 si on parle du temps qui passe, et 2 si on parle du temps qu'il fait.**

Il fait un temps affreux. ....

En ces temps-là il dormait dehors. ....

Il passe son temps à dormir. ....

Il faut du temps pour arriver. ....

Le temps devient menaçant. ....

3 **Relie la phrase et le sens du mot en gras.**

J'ai acheté une **baguette** fraîche. •   • petit bâton de bois

J'ai perdu ma **baguette** magique. •   • pain long et fin

J'entends un bruit de **goutte**. •   • petite quantité.

Je veux bien une **goutte** de café. •   • liquide qui se détache avec une forme sphérique.

▪ J'approfondis

4 **Entoure la définition du mot qui correspond à la phrase.**

- *Mon baladeur n'a plus de **pile**.*
pile – Objet métallique qui fournit de l'énergie électrique.
   – Feuilles ou livres mis les uns sur les autres.

- *J'ai acheté un collier en **argent**.*
argent – Métal précieux blanc et brillant.
   – Toute sorte de monnaie.

- *Ma **règle** est tordue.*
règle – Instrument pour tracer des lignes.
   – Principe et modèle d'attitudes à respecter.

5 **Cherche les différents sens de ces mots et écris une phrase pour chacun.**

Langue : ....

Langue : ....

Carte : ....

Carte : ....

6 **Sur une feuille à part, amuse-toi à inventer une phrase dans laquelle chaque mot sera employé deux fois, dans deux sens différents.**
glace – goûter

Infos parents

- Un mot peut avoir des sens très différents. Votre enfant devra donc rechercher les informations lui permettant de le comprendre.
- Les multiples définitions proposées dans le dictionnaire l'obligeront à s'appuyer sur le contexte de la phrase.

Vocabulaire

Utiliser des mots synonymes

Je retiens

Les gâteaux c'est trop bon...

- Quand deux mots ont un sens proche, on dit que ce sont des mots **synonymes** :
  mince – fin
  joli – beau
- Utiliser des mots synonymes permet de **ne pas répéter** toujours les mêmes mots :
  C'est un beau bateau, ses voiles sont belles.
  → C'est un beau bateau, ses voiles sont magnifiques.

S'il te plaît, un peu de vocabulaire : les pâtisseries, c'est délicieux !

Je m'entraîne

1 **Barre le mot intrus.**

- grand – immense – grotesque – gigantesque
- bon – infâme – délicieux – goûteux
- tiède – froid – glacé – frigorifié

2 **Fais la même chose pour ces verbes.**

- stopper – briser – arrêter – cesser
- casser – briser – démolir – faire
- tenir – prendre – attraper – donner

3 **Colorie les mots synonymes du mot en couleur.**

un bateau	une voiture
un navire	une mobylette
une embarcation	un véhicule
un marin	une locomotive
un voilier	une automobile
une barque	un monospace

un dessin	une maison
une œuvre d'art	une villa
un crayon	une demeure
une peinture	une chaumière
une illustration	un immeuble
une image	un chalet

J'approfondis

4 **Relie chaque verbe avec ses deux synonymes.**

parler • • fabriquer • • brailler
construire • • bavarder • • se concentrer
réfléchir • • laver • • lessiver
crier • • penser • • bâtir
nettoyer • • hurler • • discuter

5 **Écris deux synonymes pour chacun des adjectifs.**

content : ....
triste : ....
facile : ....
difficile : ....
gentil : ....

6 **Recopie les phrases en remplaçant le mot en gras par un mot synonyme.**

Mets ton **blouson** avant de sortir.

....

Enlève tes **pantoufles**.

....

Enfile tes **chaussures**.

....

Je vais me promener dans la **forêt**.

....

Infos parents

- Deux mots ont rarement exactement le même sens. *Grand* et *immense* sont deux mots de sens proches mais pas identiques.
- Ce qui est intéressant ici, c'est justement de jouer sur les nuances et d'en discuter avec votre enfant.

55

54 Vocabulaire

Utiliser des mots contraires

Je retiens

J'adore les haricots verts !

- Deux mots contraires sont deux mots qui ont un sens opposé. Ils sont aussi appelés **antonymes** :
petit – grand
construire – démolir
nain – géant, lentement – vite
- Ils peuvent être différents ou bien construits à partir du même radical :
gentil – méchant, patient – impatient, faire – défaire.

Moi, c'est le contraire, je déteste ça !

Je m'entraîne

1 Relie chaque mot à son mot de sens contraire.

riche • • triste
joyeux • • gros
éteint • • pauvre
maigre • • autorisé
étroit • • allumé
interdit • • large

2 Fais la même chose avec ces verbes.

ajouter • • aimer
arrêter • • raccourcir
haïr • • retirer
allonger • • continuer
nettoyer • • venir
partir • • salir

3 Colorie d'une même couleur les deux noms contraires.

le bonheur	le mal
l'inconnu	le malheur
le bien	le connu
la méchanceté	la tristesse
la gaieté	l'envers
l'endroit	la gentillesse

J'approfondis

4 Écris le contraire de chaque adjectif.

un carton lourd : ....

une longue lettre : ....

un vieil éléphant : ....

un chien rapide : ....

un exercice dur : ....

5 Remplace chaque verbe par son contraire.

Mon frère lave son pantalon.

....

Ma sœur obéit à mes parents.

....

Je jette mon papier par terre.

....

6 Amuse-toi à réécrire ce texte en changeant les mots en gras par leur contraire.

Hier, je suis **partie** me promener sur le

....

marché. J'ai **acheté** des bananes **mûres**,

....

des pêches **vertes** et de **bons** œufs. Je suis

....

revenue pauvre mais **contente** !

....

Infos parents

- On retrouve ici la question de la précision des mots : si *petit* est le contraire de *grand*, le contraire de *minuscule* sera *immense*.
- Cette leçon permet aussi de ne pas employer systématiquement la forme négative (ce que font souvent les enfants) : *j'aime, je n'aime pas*.

56

Vocabulaire

Différencier des mots homonymes

Je retiens

Tu peux me donner un verre, s'il te plaît ?

- Deux mots qui se prononcent de la même façon mais qui n'ont pas le même sens sont appelés **homonymes**.
- On les différencie très souvent par leur orthographe :
  Je rajoute du **sel** dans mes pâtes. Je mets une **selle** sur mon cheval.
- Mais certains homonymes s'écrivent de la même façon :
  Je vais **vers** Paris. J'écris des poésies en **vers**.

D'accord, un ver de terre, on va rire !

Je m'entraîne

① **Complète par le ou la.**

Il lave .... moule à tarte.

.... moule est un mollusque délicieux.

Dehors, ... voile nuageux est très gris.

.... voile de mon bateau est déchirée.

Mon balai a .... manche violet.

Mon pull a .... manche déchirée.

② **Écris le, la ou elle.**

.... tartine son pain.

J'adore .... confiture.

.... marche est bonne pour la santé.

.... marche d'un bon pas.

③ **Aide-toi des phrases pour choisir entre porc ou port sous l'illustration et compléter les phrases.**

....

Le .... vit dans une porcherie.

Le .... est rempli de gros cargos.

J'approfondis

④ **Aide-toi de ton dictionnaire pour écrire maire, mère ou mer sous le dessin, et complète les phrases.**

....

La .... est parfois très agitée.

Le .... de mon village est jeune.

La .... de Paul prépare des crêpes.

⑤ **Trouve un homonyme pour chaque mot.**

un col : ....

un coup : ....

un renne : ....

⑥ **Écris une phrase avec chacun des deux mots homonymes.**
sang – cent

....

....

tente – tante

....

....

Infos parents
- Les mots homonymes sont fréquents.
- Aidez votre enfant à les différencier et à les utiliser dans des phrases orales ou écrites quand vous en rencontrez.

57

Vocabulaire

Utiliser des mots précis

Je retiens

J'aimerais bien avoir **un portable** !

Euh... **un ordinateur** ou **un téléphone** ?

- Pour enrichir son vocabulaire, on emploie des mots qui **expriment quelque chose de précis** :
  Je **fais** la vaisselle. → Je **lave** la vaisselle.
  Je **fais** du cheval. → Je **monte** à cheval.
- À l'oral, il est fréquent d'utiliser un même mot pour exprimer plusieurs choses, à l'écrit il est nécessaire d'être plus précis.

Je m'entraîne

1 **Relie la phrase au verbe qui conviendrait mieux.**

Je prends un café. • • je pêche
Je prends un poisson. • • j'utilise
Je prends un stylo pour écrire. • • je me douche
Je prends une douche. • • je bois

2 **Fais la même chose avec le verbe faire.**

Je fais mes leçons. • • dessiner
Je fais un dessin de montagne. • • allumer
Je fais le dîner. • • apprendre
Je fais un feu. • • préparer

3 **Classe les mots selon leur sens, du plus fort au moins fort.**

adorer – apprécier – aimer

....

grand – gigantesque – immense

....

minuscule – petit – microscopique

....

délicieux – succulent – bon

....

mécontent – furibond – furieux

....

J'approfondis

4 **Relie chaque expression au mot précis qui lui correspond.**

le bord de la mer • • lisière
le bord d'un bois • • côté
le bord d'un quadrilatère • • côte
le bord d'un pays • • arête
le bord d'un tableau • • frontière
le bord d'un solide • • cadre

5 **Réécris ce texte en remplaçant les mots en gras par un mot plus précis.**

Mets le sucre dans le saladier.

....

Mets le beurre.

....

Mets cette pâte dans le fond du plat.

....

6 **Fais la même chose avec le mot petit.**

Une fourmi est un animal **petit**.

....

Prenons ce **petit** chemin.

....

L'éléphante a eu un **petit**.

....

Infos parents

- Cette leçon permet à votre enfant de savoir que les mots ont un sens très précis : *petit* et *microscopique* n'ont pas le même sens.
- D'autre part, élargir son vocabulaire fait partie des objectifs de l'école. Le but est que votre enfant comprenne ce qu'il lit, mais aussi qu'il acquiert plus de précision dans son vocabulaire lors de la production d'écrits.

Bilans

Ces bilans vous proposent une banque d'exercices. Lorsque vous jugez le moment opportun, proposez un bilan à votre enfant. Choisissez deux ou trois exercices dans chaque domaine, en cochant la case. Ainsi, vous constituerez le bilan de votre enfant, en phase avec son rythme d'apprentissage.

Grammaire

Connaître les types de phrases et leur ponctuation (leçons 1, 2)

1 ☐ **Termine la phrase avec ? ou !
Puis indique le type de phrase : D pour déclarative, I pour interrogative, E pour exclamative et Imp pour impérative.**

Je vais bien .... : ....

Comme c'est agréable .... : ....

Pourquoi ce n'est pas toujours comme ça .... : ....

Chut, profite du silence .... : ....

Et toi, comment vas-tu .... : ....

0,5 point par bonne réponse. ... / 5

Identifier les formes de phrases (leçon 4)

2 ☐ **Écris ces phrases à la forme négative.**

Je suis un garçon.

....

J'ai encore des cheveux.

....

Mes bras sont longs.

....

Je ressemble à quelqu'un.

....

Je suis toujours gai.

....

1 point par bonne réponse. ... / 5

Construire des phrases interrogatives (leçon 3)

3 ☐ **Écris les phrases à la forme interrogative.**

Tu vas te promener.

....

Vous ne voulez pas aller en forêt.

....

Il y a beaucoup de boue.

....

Nous irons sur le chemin.

....

La végétation est jolie.

....

1 point par phrase. ... / 5

Repérer le verbe et son sujet (leçons 5, 6)

4 ☐ **Souligne le verbe en rouge, entoure le sujet.**

Je déteste cette musique. D'habitude, je danse tout le temps. Là, tout le monde saute mais pas moi. La guitare électrique est pourtant mon instrument préféré. L'année dernière, ma meilleure copine en a acheté une !

0,5 point par bonne réponse. ... / 5

Infos parents

- Attention votre enfant doit avoir suffisamment avancé dans l'année pour être en mesure de faire une évaluation. Les vacances de la Toussaint sont le bon moment pour un premier bilan.
- Proposez-lui d'autres évaluation lors des vacances de Noël, en février et/ou à Pâques.
Ne lui donnez pas trop d'exercices d'un seul coup ! Ça risquerait de le décourager...

Bilans

Repérer le groupe sujet et accorder le verbe (leçons 7, 8)

5 ☐ **Surligne le sujet. Puis réécris les phrases au pluriel.**

Depuis hier, je soigne un chien.

....

Il s'amuse beaucoup.

....

Ce chien joue avec la chatte.

....

La chatte saute dessus.

....

Elle ne griffe pas.

....

0,5 point par bonne réponse. **… / 5**

Différencier complément de verbe et complément de phrase (leçons 9, 10)

6 ☐ **Souligne en rouge le complément du verbe, et en jaune le complément de phrase.**

Depuis longtemps, les chiens ont des canines.
Elles déchirent la viande sur les carcasses.
Les chiens ont un très bon odorat dans la nature.
Dans leur cerveau, ils enregistrent des milliers d'odeurs. Ils reniflent le sol tout le temps.

0,5 point par bonne réponse. **… / 5**

Identifier les mots du groupe nominal (leçons 11, 13, 14)

7 ☐ **Dans chaque groupe nominal, entoure le nom, souligne en bleu le déterminant et en rouge l'adjectif qualificatif.**

Le vieux singe regardait dehors.

Il voyait des bananiers magnifiques.
Chaque plante majestueuse arborait des bananes ensoleillées.
Elles ressemblaient à des fruits sculptés.

1 point par bonne réponse. **… / 5**

Repérer le genre et le nombre d'un groupe nominal et l'accorder (leçons 12, 15)

8 ☐ **Indique le genre et le nombre du groupe nominal. Réécris-le comme demandé.**

Je vois **un éléphant rose.** ....

au pluriel : ....

J'imagine **une lionne féroce**. ....

au masculin : ....

J'ai peur **des grands rhinocéros**. ....

au singulier : ....

Je déteste aussi **le petit moustique**. ....

au pluriel : ....

Ce ne sont pas **mes meilleurs amis**. ....

au féminin : ....

0,5 point par bonne réponse. **… / 5**

Conjugaison

Trouver l'infinitif et le groupe d'un verbe (leçons 1, 2)

1 ☐ **Écris l'infinitif et le groupe du verbe.**

Paul fait un gâteau.

.... ; .... groupe

60

Bilans

Il épluche les pommes.

.... ; .... groupe

Il ne demande plus d'aide.

.... ; .... groupe

Il finit juste avant le repas.

.... ; .... groupe

Nous commençons vite le dîner.

.... ; .... groupe

0,5 point par bonne réponse. ... / 5

Connaître les pronoms de conjugaison (leçon 3)

2 ☐ **Complète les parenthèses comme pour la première phrase.**

On a déjà lu ce livre (3ᵉ pers. du singulier).

Nous l'aimons beaucoup (................................).

Le connaissez-vous ? (................................)

Je l'ai emprunté à la bibliothèque (................).

Ils ont toute la collection (................................).

Tu devrais y aller (................................).

0,5 point par bonne réponse. ... / 5

Conjuguer les verbes du 1ᵉʳ et du 2ᵉ groupe au présent (leçons 4, 5, 6)

3 ☐ **Écris le verbe entre parenthèses au présent.**

(adorer) J'..................... jouer aux échecs.
(demander) Ce jeu .... de la concentration. (finir) Mais les adversaires .... toujours fatigués. (commencer) Si tu veux, nous .... une partie. (chuchoter) Papa et maman .... en nous regardant.

1 point par bonne réponse. ... / 5

Conjuguer au présent des verbes du 3ᵉ groupe et les verbes *être* et *avoir* (leçons 7, 8)

4 ☐ **Conjugue au présent le verbe entre parenthèses.**

(faire) Vous ne .... que regarder cette partie. (pouvoir) Mais nous .... arrêter. (avoir) Tu .... de la chance. (pouvoir) Mais tu .... revenir moins en forme. (être) Tes pions .... bien placés pour l'instant !

1 point par bonne réponse. ... / 5

Conjuguer au futur (leçons 9, 10, 11)

5 ☐ **Écris les verbes au futur.**

(avoir) J'............... les cheveux longs.

(faire) Maman me .... des nattes.

(prendre) Mon frère .... un malin plaisir à les tirer ! (crier) Mes parents .... et moi, (pleurer) je ....

1 point par bonne réponse. ... / 5

Conjuguer les verbes à l'imparfait (leçons 12, 13)

6 ☐ **Conjugue chaque verbe à l'imparfait.**

(manger) Je .... trop de bonbons.

Retrouve-nous sur **www.jecomprendstout.com**, d'autres tests t'attendent !

Bilans

(*nourrir*) Ils .... surtout mes dents.
(*être*) Les enfants .... fans de bonbons piquants. (*commencer*) Délicieux quand la langue .... à piquer ! (*avoir*) Ça .... un goût de boisson gazeuse.

1 point par bonne réponse. ... / 5

Conjuguer les verbes au passé composé (leçons 14, 15)

7 ☐ **Écris chaque verbe au passé composé.**

(*pouvoir*) Ce soir, j'................... jouer un peu.
(*jouer*) Nous .... à la bataille.
(*arriver*) Quand les dames ...., ouf !,
(*répondre*) mes rois .... présents.
(*être*) La partie .... un peu longue !

1 point par bonne réponse. ... / 5

Orthographe

Écrire des sons avec le *c* et le *g* (leçons 2, 3)

1 ☐ **a. Complète les mots avec c ou ç.**

une ....itadelle, un hame....on, un balan....oire, une balan....elle, nous balan....ons.

b. Complète les mots avec g ou ge.

une ....irouette, une man........oire, un ....yrophare, une oran........ade, de la ....elée.

0,5 point par bonne réponse. ... / 5

Écrire des sons avec des lettres particulières (leçons 1, 5)

2 ☐ **a. Complète avec s ou ss.**

une ....alamandre, un pa........age, des a........ticots, une a........i........tance.

b. Complète avec é, è ou ê.

un ....l....ve, les l....vres, une ....paule, ...tre.

0,5 point par bonne réponse. ... / 5

Savoir écrire la fin d'un mot (leçons 4, 16)

3 ☐ **a. Écris -il ou -ille.**

une abe........, un réve........, un orte........, une éca........, une merve.........

b. Ajoute la lettre finale muette.

le hau...., le ba...., le débu...., l'arrê...., blan.....

0,5 point par bonne réponse. ... / 5

Différencier *on/ont* et *son/sont* (leçons 6, 7)

4 ☐ **a. Choisis entre on et ont.**

Les botanistes .... vu ces fleurs. .... disait pourtant qu'........ ne les verrait plus. Elles .... réussi à s'adapter malgré la pollution. Mais attention, ... ne sait pour combien de temps.

b. Choisis entre son et sont.

.... potager est splendide. Les allées .... en spirale. .... idée fait merveille. Les tournesols .... au milieu pour nourrir .... groupe de mésanges.

0,5 point par bonne réponse. ... / 5

62

Bilans

Différencier quelques homophones (leçons 8, 9, 10)

5 ☐ **a. Complète avec a/à, et/est.**

Je vais ...... Paris voir Paul. Il ...... un chien ...... un chat. Il ...... chanceux ...... en plus très drôle !

b. Complète avec ou/où.

Il va ...... il veut. Souvent, il me suit ...... me colle. Il se cache .... je suis passé. Là, je ne sais pas .... il est. Devine, est-ce un chat ...... un chien ?

0,5 point par bonne réponse. ... / 5

Restituer et appliquer une règle d'orthographe (leçon 11)

6 ☐ **Complète la règle puis ajoute m ou n dans les mots.**

Devant un ...., un ....ou un ...., j'écris un ....au lieu d'un n.

un po.......pier, un plo.......bier, un boula.......ger,

un cha.......teur, un do.......pteur, un i.......specteur.

0,5 point par bonne réponse. ... / 5

Écrire un groupe nominal au pluriel (leçons 12, 13)

7 ☐ **Recopie ces groupes nominaux au pluriel.**

le temps radieux : ....

le cheval heureux : ....

la corde cassée : ....

le chou mangé : ....

le cavalier affolé : ....

0,5 point par bonne réponse :
0,5 pour l'adjectif et 0,5 pour le nom. ... / 5

Écrire un groupe nominal au féminin (leçons 14, 15)

8 ☐ **Mets tous ces groupes nominaux au féminin.**

le coiffeur habile : ....

le boucher doué : ....

l'instituteur heureux : ....

le prince amoureux : ....

le petit voisin : ....

0,5 point par bonne réponse :
0,5 pour l'adjectif et 0,5 pour le nom. ... / 5

Vocabulaire

Classer des mots et les trouver dans un dictionnaire (leçons 1, 2)

1 ☐ **a. Classe ces mots dans l'ordre alphabétique.**

classe – cartable – crayon – craie – cahier

....

....

b. Voici les mots repères d'un dictionnaire, intercale les mots du a) entre ces mots.

cadeau .... calot ....

carré .... castor ....

club .... crapaud ....

cratère .... cru ....

0,5 point par bonne réponse. ... / 5

63

Bilans

Utiliser un dictionnaire et trouver le sens d'un mot (leçons 3, 6)

② ☐ **Cherche le mot en gras dans ton dictionnaire, et recopie juste la définition correspondant au sens du mot dans la phrase.**

Mets le **plat** sur la table.

....

Je n'aime pas la **raclette**.

....

Je **tape** à une main sur mon clavier.

....

J'ai déclaré ma **flamme** à Enzo.

....

La **mousse** pousse au nord du tronc.

....

1 point par bonne réponse. ... / 5

Construire des mots de la même famille (leçons 4, 5)

③ ☐ **Complète le tableau en construisant des mots de la même famille.**

famille du mot	avec un préfixe	avec un suffixe
fort		
tour		
chausser		
jour		
certain		

0,5 point par bonne réponse. ... / 5

Employer des synonymes et des mots précis (leçons 7, 10)

④ ☐ **Change chaque mot souligné par un mot synonyme plus précis.**

En vacances, je <u>fais</u> (....................) des maquettes. Mon avion <u>marche</u> (..................) bien. Je <u>fais</u> aussi (....................) le dîner. Je mange des <u>choses</u> (.....................) très agréables. Je <u>fais</u> (....................) même ma chambre.

1 point par bonne réponse. ... / 5

Exprimer le contraire (leçon 8)

⑤ ☐ **Écris un mot contraire du mot souligné.**

Les voitures roulent trop <u>lentement</u> (...............).

Mais les conducteurs <u>accélèrent</u> (....................).

Ma famille <u>déménage</u> (...........................).

Tout le monde est <u>triste</u> (...........................).

Il faut tout <u>emballer</u> (...........................).

1 point par bonne réponse. ... / 5

Choisir entre plusieurs homonymes (leçon 9)

⑥ ☐ **a. Choisis entre père et paire.**

Mon .... a perdu sa .... de gants.

b. Choisis entre mer, mère et maire.

Ma .... est .... d'un village au bord de la ....

1 point par bonne réponse. ... / 5

64